# 体育与健康

## （基础模块）

主　编　胡凌燕　韩国太

编　委（排名不分先后）

　　　　陈建勤　杨　晶　董龙伟
　　　　李大伟　王洪兴　张　建
　　　　王世兵　潘　娣

主　审　罗希尧

北京理工大学出版社
BEIJING INSTITUTE OF TECHNOLOGY PRESS

## 内 容 提 要

本书按照2020年最新发布的《中等职业学校体育与健康课程标准》的要求，以促进中等职业的学生身心发展为主要目标，"坚持'健康第一'的指导思想，通过学习体育与健康的基本知识、运动技战术与技能、科学锻炼身体的方法，提高学生的体能和体育实践能力，培养运动爱好和专长，养成终身体育锻炼的习惯，使学生具有健康的人格、强健的体魄，为学生身心健康和职业生涯发展奠定坚实的基础"。内容包括健康教育、体能和职业体能三部分。

本书可作为中等职业学校"体育与健康"课程的教学用书，也可为其他相关人员提供参考。

**版权专有　侵权必究**

### 图书在版编目（CIP）数据

体育与健康：基础模块 / 胡凌燕，韩国太主编. —北京：北京理工大学出版社，2020.6
ISBN 978-7-5682-8321-2

Ⅰ. ①体… Ⅱ. ①胡… ②韩… Ⅲ. ①体育—中等专业学校—教材 ②健康教育—中等专业学校—教材 Ⅳ. ①G634.961

中国版本图书馆CIP数据核字（2020）第051095号

| | |
|---|---|
| 出版发行 / | 北京理工大学出版社有限责任公司 |
| 社　　址 / | 北京市海淀区中关村南大街5号 |
| 邮　　编 / | 100081 |
| 电　　话 / | （010）68914775（总编室） |
| | （010）82562903（教材售后服务热线） |
| | （010）68948351（其他图书服务热线） |
| 网　　址 / | http://www.bitpress.com.cn |
| 经　　销 / | 全国各地新华书店 |
| 印　　刷 / | 定州市新华印刷有限公司 |
| 开　　本 / | 787毫米×1092毫米　1/16 |
| 印　　张 / | 11 |
| 字　　数 / | 206千字 |
| 版　　次 / | 2020年6月第1版　2020年6月第1次印刷 |
| 定　　价 / | 35.00元 |

责任编辑 / 张荣君
文案编辑 / 张荣君
责任校对 / 周瑞红
责任印制 / 边心超

图书出现印装质量问题，请拨打售后服务热线，本社负责调换

  《体育与健康（基础模块）》《体育与健康（拓展模块）》是按照2020年最新颁布的《中等职业学校体育与健康课程标准》（以下简称《课程标准》）的要求，以促进中等职业的学生身心发展为主要目标，"坚持'健康第一'的指导思想，通过学习体育与健康的基本知识、运动技战术与技能、科学锻炼身体的方法，提高学生的体能和体育实践能力，培养运动爱好和专长，养成终身体育锻炼的习惯，使学生具有健康的人格、强健的体魄，为学生身心健康和职业生涯发展奠定坚实的基础"。

  本教材编写改变了以往过于概念化的叙述形式，给学生留出思考和探究的空间，引导学生通过观察和实践，自己去发现问题和解决问题，获得知识和结论，学会学习和锻炼。内容的表述适合中职学生的心理特点，既科学严谨，又生动活泼，有利于学生阅读和思考。版式设计美观，图文并茂，栏目设置生动活泼，符合学生的认知规律，有利于激发学生阅读体育与健康教材的兴趣，有利于学生自主学习。

  教学条件要求：按照《课程标准》的要求，特别是实践课程的场地、器材需要，配置必要的运动场（或体育馆）、体育器材，以保证课程的实施。

  本教材依据《课程标准》确定的课程结构，在总课时不低于144学时的情况下，分为基础模块和拓展模块，基础模块包括健康教育、体能和职业体能三部分，拓展模块包括田径、篮球、排球、足球、乒乓球、羽毛球、网球、技巧、健美操、游泳、冰雪运动、武术、新兴运动（腰旗橄榄球、飞盘、啦啦操、花样跳绳）等内容。

  这两本教材都是从中职学生的角度出发，既有学习的知识点，又有体验和参与的方法指导，既考虑到与普通高中学生的学习水平基本保持一致，又照顾到中职学生的特点，各中职学校可以根据自己学校的专业设置，选用其中的相应章节。

本课程教材编写团队成员都是具有多年一线教学、研究经验的教师，其中担任本书主编的胡凌燕是北京特级教师，具有正高级职称；其余二位主编韩国太和陈建勤也都是北京市特级教师，参与编写以及提供素材的人员详细情况如下：

参加《体育健康（基础模块）》编写的人员：胡凌燕、韩国太、杨晶、董龙伟、李大伟、王洪兴、张建、王世兵、潘娣、陈建勤。

参加《体育健康（拓展模块）》编写的人员：胡凌燕、陈建勤、韩国太、董龙伟、李大伟、王洪兴、赵欣、肖楠、楼向宁、李鹏航、陈君生、李京兰、冯丽敏、邱筱玲、高磊、李超、张春伶。

参加动作示范演示的人员：聂猛（短跑、跳远、铅球）、何苗（跳高）、韩松（跨栏）、贾琳（游泳）、史俊（足球、技巧）、项雨晴（技巧、健美操）、张伟（足球）、肖港庆（腰旗橄榄球）、刘光东（腰旗橄榄球）、司畔（滑雪）、武林聪（排球）、胡扬威（武术）、仲长鹏（飞盘）、胡超越（腿部肌肉训练及拉伸）、龚哲（肌肉训练及拉伸）。

参加动作示范的学生：张浩（花样跳绳）、刘桐雨（花样跳绳）、王德馨（花样跳绳）、陈时（花球啦啦操）、李明屿（网球）、温浩轩（篮球）、马泽雯（乒乓球）、金宇萌（排球）、张可欣（羽毛球）。

提供教学案例的人员：胡超越（久坐型案例）、智娟（久站型案例）、龚哲（久坐型案例）、刘秋实（经久高度注意力型案例）、孙静（经久高度注意力型案例）。

提供技术支持的人员：杨军（摄影）、卢凤启（摄像）、张硕（摄像）。

担任本书主审的是北京教育学院罗希尧教授，其在教材架构搭建、内容审核中提出了大量建设性意见，在此对上述人员表示感谢。

最后，衷心地祝愿同学们能够与健康一路同行！

编　者

# 目录

## 第一章 健康教育 ... 1
第一节 学习身体运动知识 提升体育运动能力 ... 1
第二节 知晓健康保健知识 塑造健全人格品质 ... 22
第三节 做好运动损伤防护 降低运动风险水平 ... 31
第四节 接受运动安全教育 保证体育运动质量 ... 34
第五节 掌握疾病防控方法 促进身心健康发展 ... 42
第六节 制定科学运动处方 助力科学健身行为 ... 53

## 第二章 体能 ... 61
第一节 体能概述 ... 61
第二节 强壮肌肉之力量素质 ... 63
第三节 唯"快"不破之速度素质 ... 73
第四节 坚持不懈之耐力素质 ... 80
第五节 持之以恒之柔韧素质 ... 86
第六节 快速敏捷之灵敏素质 ... 95
第七节 了解自己 ... 104

## 第三章 职业体能 ... 121
第一节 职业体能概述 ... 121
第二节 久站型职业体适能 ... 122
第三节 久坐型职业体适能 ... 132

第四节 经久高度注意力型职业体适能 …………………………… 141
第五节 特殊型职业体适能 …………………………………………… 149
第六节 其他类型职业体适能 ………………………………………… 161

**参考文献** ……………………………………………………………… 170

# 第一章 健康教育

健康教育是中等职业学校《〈体育与健康〉课程标准》的重要知识内容模块，本章将介绍运动的基本知识，包括身体结构、中国传统养生、运动行为以及青春期教育等内容。在运动前了解一些体育常识和体育文化类内容，有助于良好运动习惯的养成，这些与职业相关的体育知识和技能以及职业病预防的方法，为以后从事的职业工作提供保障。

"如果你想聪明，跑步吧！如果你想强壮，跑步吧！如果你想健康，跑步吧！"镌刻在古代奥运会的举办地奥林匹亚旁边的阿尔菲斯河岸崖壁上的古希腊格言，诠释了运动之美和体育的魅力。体育运动是一项身体实践活动，健康的身体活动离不开科学的健康理论知识的指导。通过本章的学习，学生能够运用科学的理论知识和方法来指导自身的体育活动，提升体育核心素养和养成健康的行为习惯，为以后的学习、生活和工作奠定基础。

## 第一节 学习身体运动知识 提升体育运动能力

身体运动（图 1-1-1）是一项复杂的人体活动，在内部层面，它涉及人体的神经、肌肉、骨骼、内脏器官等方面的参与和配合；在外部层面，它又包含身体姿势、运动轨迹、运动时间、运动速度、运动速率、运动力量和运动节奏七个方面的要素。在学校体育课堂上，各项体育活动都是以身体的运动表现出来的。表现力量的运动，如举重、引体向上和投掷；表现速度的运动，如短跑、接力和跨栏；表现节奏与美的运动，如韵律操、啦啦操和舞蹈。体育运动是一项复杂精密的身体活动，本节介绍关于运动的基本知识，包括身体结构、我国传统养生、运动行为等内容，这类内容，有助于良好运动习惯的养成。

# 第一章 健康教育

图 1-1-1 身体运动

## 一、身体结构——认识身体

### （一）身体的"框架"——骨骼和关节

如果把人体比作一部汽车，那么人体的骨骼和关节分别代表着汽车的框架。骨骼和骨骼间的关节共同构成了人体的框架结构，这就好比盖房子时的地基和承重梁，它们共同作用支撑起人体的基本形态，人体的高矮、形态差异均是由人体的"框架"结构的差异而产生的。在骨骼和关节支撑的结构下才会有人体肌肉及其他内脏器官的附着，所以骨骼和关节是人体最重要的器官，如果某一关节和骨骼产生问题，则会直接导致运动受限甚至大的形态改变。

#### 1. 骨骼

正常健康的人体共有 206 块骨骼，分为颅骨、躯干骨、四肢骨三大部分。新生儿及儿童骨骼数量超过 206 块，一般为 218 块左右，随着生长发育，一些骨骼合成为一块，等到发育成熟，骨骼数量就达到正常成人的数量。

人体骨骼因为功能不同而呈现不同形态：

长骨主要分布在四肢，如股骨（图 1-1-2），主要功能是支撑承重。

短骨主要分布在手腕、脚踝、膝关节等处，如髌骨（图1-1-3），手骨，主要功能是辅助完成细微关节活动和防止关节活动幅度过大等。

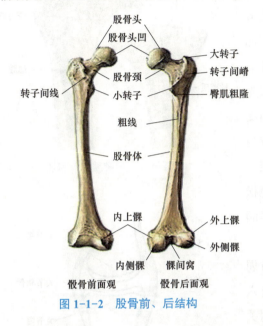

图1-1-2 股骨前、后结构

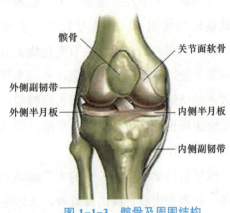

图1-1-3 髌骨及周围结构

扁骨主要分布在头部以及盆腔等处，如颅骨，髋骨，其主要功能是保护内脏器官，维持内部基本空腔。

人骨主要包含骨膜、骨质和骨髓三大结构：

（1）骨膜（图1-1-4）。骨膜是骨骼表面被覆的坚固的结缔组织包膜。骨膜由两部分构成：外层由胶原纤维紧密结合而成，富有血管、神经，有营养骨骼和感受关节活动的作用；内层是由较粗的胶原纤维构成，并含有成骨细胞，参与骨骼的生长和发育。此外，在骨骼两端关节处有一层光滑致密的关节软骨，关节软骨主要起到润滑关节，减缓摩擦，减轻振动的作用。

（2）骨质。骨质分为骨密质和骨松质两种（图1-1-5）。骨密质质地坚硬致密，耐压性较大，分布于骨的表层，长骨的骨密质主要分布于骨干部分；骨松质呈海绵状，分布于骨的内部，能承受较大的重量。

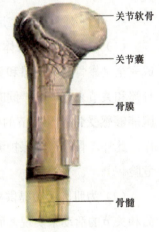

图1-1-4 骨膜

（3）骨髓。骨髓填充在骨髓腔和骨松质的空隙内，分为红骨髓和黄骨髓，红骨髓具有造血功能。在胎、幼儿时期，骨髓全是红骨髓，具有造血功能。成年后，长骨骨干内的红骨髓逐渐被脂肪组织代替，称为黄骨髓，失去造血功能，但大量失血时黄骨髓会转化为红骨髓，恢复造血功能。

## 2. 关节

关节是指骨与骨之间相连接的地方，关节按其活动与否分为活动关节和不动关节，活动关节如肩、肘、指、髋、膝、踝等关节，不动关节如颅骨骨缝。关节结构（图1-1-6）主要包括关节面、关节囊、关节腔三部分，关节面被覆一层光滑致密的结缔组织——关节软骨，主要起到支撑、润滑、缓冲的作用。关节囊包绕关节形成封闭的关节腔，关节囊分为两层，外层为纤维层，由致密的结缔组织构成；内层为滑膜层，由疏松的结缔组织构成，可分泌关节滑液，起到营养润滑关节面的作用。

根据解剖学结构，关节的主要运动形式有屈和伸、外展和内收、旋内和旋外。人体主要有六大关节，分别为髋关节、膝关节、肩关节、肘关节、踝关节和腕关节。其中膝关节是人体最大的关节。

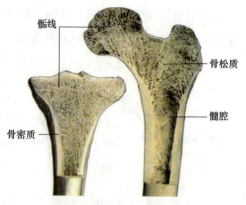

图 1-1-5 骨密质和骨松质

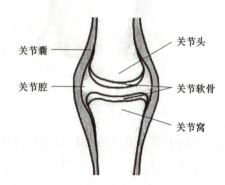

图 1-1-6 关节结构

## 3. 骨骼及关节在运动中的作用

（1）支撑、保护身体，维持人体姿势，确保动作的完成。人的身体姿势的维持与完成完全是靠骨骼的支撑和关节的活动来实现的，一个人站立、行走、弹跳、奔跑等都是靠骨骼和关节来完成的。同时在骨骼和关节囊上都密布有感觉神经元细胞，这些感觉神经细胞能够感受骨骼及关节的变化，促使人体的运动神经中枢来调整肢体活动，帮助实现动作。此外，骨骼还能保护大脑和内脏，想象一下如果没有了骨骼，大脑和内脏将会多么的危险。

（2）为肌肉活动提供支撑与力点。人体活动的完成主要靠肌肉的收缩和舒张来调动骨骼和关节的活动来实现，而肌肉是附着在骨骼上的，肌肉活动实现，拉动骨骼，从而完成某项练习。如三角肌起点分别为锁骨外侧、肩峰、肩胛冈而止于肱骨外侧的三角肌粗隆，以排球扣球为例，扣球时三角肌发生收缩牵拉肱骨向外侧活动从而实现抬手臂动作。所以骨骼为肌肉活动提供支撑和附着，又同时以关节为轴点来完成动作。

### （二）身体的"马达"——肌肉

肌肉，主要由肌细胞构成。肌细胞的形状细长，呈纤维状，故肌细胞通常称为肌纤维。肌肉按结构和功能的不同可分为平滑肌、心肌和骨骼肌三种，按形态又可分为长肌、短肌、阔肌和轮匝肌。平滑肌主要构成内脏和血管，具有收缩缓慢、持久、不易疲劳等特点。心肌构成心壁，两者都不随人的意志收缩，故称不随意肌。骨骼肌分布于头、颈、躯干和四肢，通常附着于骨，骨骼肌收缩迅速、有力、容易疲劳，可随人的意志收缩，故称随意肌。骨骼肌在显微镜下观察呈横纹状，故又称横纹肌（图1-1-7）。

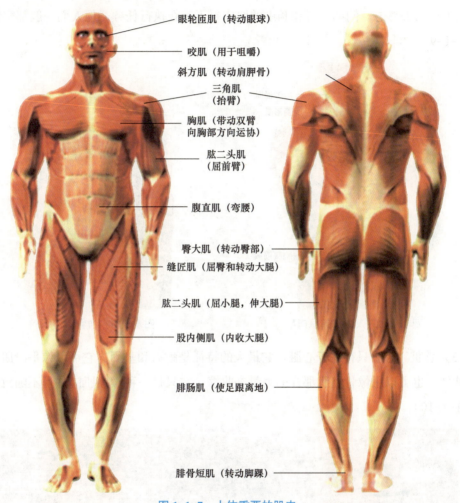

图1-1-7 人体重要的肌肉

骨骼肌是运动系统的动力部分，在神经系统的支配下，骨骼肌收缩中，牵引骨产生运动。人体骨骼肌共有600多块，分布广，约占体重的40%，每块骨骼肌无论大小如何，都具有一定的形态、结构、位置和辅助装置，并有丰富的血管和淋巴管分布，受一定的神经支配。因此，每块骨骼肌都可以看作是一个器官。

**1. 肌肉分类**

（1）骨骼肌。骨骼肌是可以看到和感觉到的肌肉类型。当健身者通过锻炼增加肌肉力量时，锻炼的就是骨骼肌。骨骼肌附着在骨骼上且成对出现或多重出现，按照运动中肌肉的工作类型分为主动肌、拮抗剂、协同肌。这些肌肉通常随意志收缩，意味着想要收缩它们时，神经系统会参与肌肉活动（图1-1-8）。

（2）平滑肌。平滑肌主要存在于消化系统、血管、膀胱、呼吸道和女性的子宫中。平滑肌能够长时间拉紧和维持张力。这种肌肉不随意志收缩，意味着神经系统会自动控制它们，而无须人去考虑。例如，胃和肠中的肌肉每天都在执行任务，但人们一般都察觉不到（图1-1-9）。

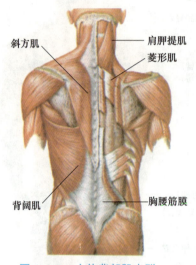

图1-1-8　人体背部肌肉群

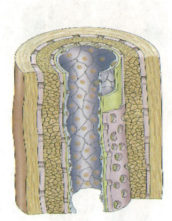

图1-1-9　血管肌肉细胞

（3）心肌。心肌只存在于心脏，它最大的特征是耐力和坚固。它可以像平滑肌那样有限地伸展，也可以用像骨骼肌那样的力量来收缩。它只是一种颤搐肌肉并且不随意志收缩（图1-1-10）。

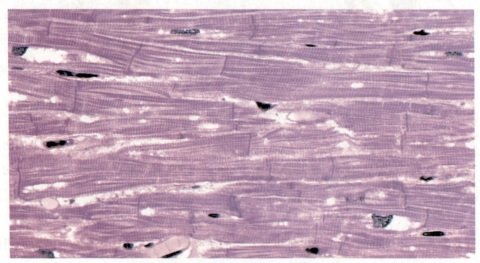

图1-1-10　显微镜下心肌细胞

## 第一节 学习身体运动知识 提升体育运动能力

**2. 肌肉力量训练**

力量素质是组成人体五大素质之一，也是维持人类正常生存和生活的基础。美国运动医学学会（ACSM）将肌肉力量和肌肉耐力统称为肌适能，良好的肌适能状态对促进健康、预防伤病、提高工作效率有很大的帮助。肌肉力量主要是指肌肉对抗某种阻力时所发出的力量，一般而言是指肌肉在一次收缩时所能产生的最大力量。研究证明，青少年进行适当的力量训练可以提高肌肉力量，通过持续规律的专项练习可以将肌适能保持在良好状态（图1-1-11）。

◆ 确保个体在进行适当的训练时得到了训练说明和监督；
◆ 提供安全的运动环境；
◆ 开始训练前进行 5～10 min 的动态热身；
◆ 开始训练阶段予以每周 2～3 d 不连续的训练、较轻的阻力、并确认运动器械是正确的；
◆ 正式训练阶段指南：上下肢联合运动，每组 6～15 次，一次训练 1～3 组；
◆ 结合躯干部的特殊运动；
◆ 训练项目应促进肌肉对称和技巧改进运动；
◆ 在肌肉适能改善的前提下，逐渐增加训练中的阻力（5%～10%）；
◆ 在健美操或抗阻训练后进行拉伸运动；
◆ 应了解个体对每一阶段训练的需要 / 关注点；
◆ 可采用个性化的运动记录；
◆ 不断更改运动项目以保持兴趣、避免训练平台；
◆ 确认有适当的营养、饮水量及睡眠；
◆ 指导老师和家长应支持并鼓励儿童和青少年以保持他们的兴趣。

引自《ACSM 运动测试与运动处方指南（第九版）》

**图 1-1-11 青少年力量训练指南**

### 知识拓展：

很多学生在参加体育活动时经常是"心有余而力不足"，这个力就是肌肉力量，要想跑得快，跳得高，投的远，就要先进行肌肉训练（表1-1-1）。

**表 1-1-1 不同身体部位主要肌肉锻炼的方法**

| 身体部位 | 主要肌肉锻炼的方法（举例） |
| --- | --- |
| 上肢 | 俯卧手脚支撑收腿、哑铃飞鸟、哑铃蝴蝶夹胸 |
| 下肢 | 后踢腿、小步跑、跳台阶、深蹲起、俯卧手脚支撑收腿 |
| 背部 | 两头起、仰卧提臀抬腿、弓步背伸 |
| 肩部 | 推小车、45°平举 |
| 全身 | 跳起体前屈、原地跳转360°接跳远、平板撑、侧身手支撑伸展 |
| 臀部 | 直腿后摆、仰卧提臀、仰卧提臀抬腿 |
| 胸部 | 俯卧撑、俯卧撑推起击掌 |
| 腰腹 | 交叉腿侧身斜起坐、仰卧屈膝、元宝收腹、屈膝收腿、仰卧起坐、仰卧举腿、俯卧手脚支撑收腿 |

### (三)身体的"配置"——身体成分

**1. 身体成分的构成（图1-1-12）**

身体成分是指身体脂肪组织和非脂肪组织的含量在体重中所占的百分比。通常状况下，人的身体主要是由水、蛋白质、脂肪、无机物四种成分构成。成年人的正常比例：水占55%，蛋白质占20%，脂肪占20%，无机物占5%。每个人的身体成分千差万别，了解身体成分的构成，关注各部分的变化，针对薄弱环节进行调节和改进，能够达到健美身体的目的。如果身体成分失衡，将会导致身体出现各种疾病，如高血压、糖尿病、脂肪肝等慢性疾病，因此了解身体成分至关重要。

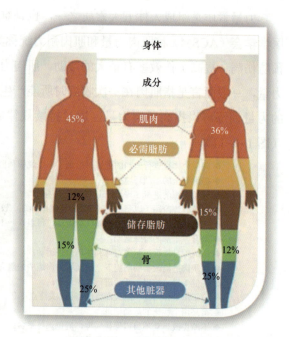

图1-1-12 身体成分的构成

体重是身体成分宏观的表现，通过体重的变化，能够了解身体成分的某些变化，从而达到预防和调节身体的目的。

（1）瘦体重。除了储存脂肪之外的所有体重都是瘦体重，瘦体重主要是指肌肉，因为骨量、脏器重量对于成人基本是一定的，瘦体重的变化最主要是受肌肉含量的影响。

（2）脂肪。脂肪分为必需脂肪和储存脂肪，必需脂肪是指储存在重要器官、骨髓里和神经系统中的脂肪，是人体正常生理活动所必需的。男性与女性体脂含量的主要差别在必需脂肪，女性乳腺，盆腔内妇科器官中的脂肪比男性多，男性3%，女性12%。储存脂肪是指在腹部以及皮下储存的脂肪，在男性与女性中占体重的比例类似，男性12%，女性15%。女性的体脂含量比男性多10%左右，如果女性体脂含量小于12%会出现停经等症状。

（3）水分。水分是体重波动的主要原因，泌尿系统中的水分、肠道中粪便里的水分和身体中其他部位的水分在24 h内就可以有很大的波动。

（4）骨量。骨头的重量，成年后基本是一定的，绝经后的女性和老年人骨量会减少。相同体积下，肌肉密度比脂肪密度大，所以相同重量的情况下，肌肉比例多的人比脂肪比例多的人看起来更瘦。

**2. 身体成分的指标含义**

（1）体重指数（Body Mass Index，BMI）。BMI，即身体质量指数，简称体质指数又称体重指数，是国际上常用的反映一个人的胖瘦程度的标准，我国成人理想指数是 18.5～23.9。小于 18.5 过轻，在 24～27 过重，28～32 是肥胖，大于 32 则是非常肥胖。

### 知识窗：

计算一下 BMI，看看自己体重是属于哪个级别？

体质指数（BMI）= 体重（kg）÷ 身高（m）的平方

并不是每个人都适用 BMI 的，有些人就不适合用 BMI 来衡量，如未满 18 岁的青少年、正在做重量训练的运动员、怀孕或哺乳中的女性、身体虚弱或久坐不动的老人。

（2）体脂率。体脂率是指人体内脂肪重量在人体总体重中所占的比例，又称体脂百分数，它反映人体内脂肪含量的多少。国际上采用的男性标准体脂肪率为（15±5）%，>20% 为肥胖；女性为（23±5）%，>30% 为肥胖（图 1-1-13）。体重在标准范围（BMI18.5～23.9 kg/m²）内，但体脂肪率超出相应标准范围（男性≥20%，女性≥30%）的属于隐形肥胖，表现为肌肉量减少、脂肪量增多，但标准体重仍在正常范围内，常见于年轻女性。

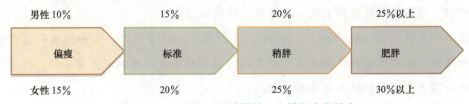

图 1-1-13　国标采用的男性、女性标准脂肪率

### 知识窗：

很多人都想有一个完美的体型，了解自己的体脂率，就清楚自己到底是胖子还是瘦子。

成年女性的体脂率计算公式：

参数 $a$ = 腰围（cm）×0.74

参数 $b$ = 体重（kg）×0.082+34.89

体脂肪重量（kg）= $a-b$

体脂率 =（身体脂肪总重量 ÷ 体重）×100%

成年男性的体脂率计算公式：

参数 $a$ = 腰围（cm）×0.74

参数 $b$ = 体重（kg）×0.082+44.74

体脂肪重量（kg）= $a-b$

体脂率比 BMI 能更好地说明人的"胖瘦"情况，体重过重不一定胖，体脂率高才是真正的"胖"。体脂率低不能代表身体状况良好，只能证明是个"瘦子"。

（3）腰臀比。腰臀比是腰围和臀围的比值，是判定中心性肥胖的重要指标，它反映脂肪在腹部的堆积程度，与内脏脂肪相关性很大。如果一个人体重很轻，却有着比较高的腰臀比，就需要警惕腹部脂肪的堆积，因为这很容易引起心血管疾病。健康的腰臀比，男性低于 0.9，而女性低于 0.8，比值越小，说明越健康。

腰臀比是健康风向标，关注腰臀比例，能让人随时了解自己的健康状态，还可以给自己建立一个警戒线，是个很有效的健康指标。一旦腰臀比比例过大，也就意味着健康风险的加大。腰臀比比例过大会增加糖尿病、高血压、心脏病的风险，运动是减少脂肪的最佳方法，同时还可以增强下肢肌肉，而节食是不能有效改变腰臀比的。

**知识拓展：**

用尺子测量自己的腰围，大家可以互相帮助。

工具：一根软尺。

方法：身体直立，两臂自然下垂，不要收腹，呼吸保持平稳，软尺水平沿肚脐上缘和肋骨以下的部位围绕腰部 1 圈，测量腰最细的部位。

诊断：男性 < 85 cm，女性 < 80 cm，年龄在 20~40 岁的人，假如腰腹部正在快速地囤积脂肪，就有可能出现高血压、糖尿病、脂肪肝等多种疾病。久坐不动、饮食不良以及遗传因素是形成水桶腰的主要原因。

处方：合理安排饮食，三餐以七八分饱为宜，少吃高油、高糖、高脂肪以及高胆固醇的食物；最好每天坚持快步走。

推荐：每天抽出 30 min 以上，根据自己的体能状态，以每分钟 100 步左右的速度步行，使心跳达到每分钟 120 次左右，也就是微喘但仍可与人交谈的程度。每天至少累积 5 000 步，2 ~ 3 个月后就可见效。

（4）体型。体型是对人体形状的总体描述和评定，主要指人的身体各部分之间的比例。体型与人体的运动能力有一定的关系，但主要由遗传决定，后天也会发生一定的变化。肌肉和骨骼的发达程度与脂肪的积蓄程度是判断体型的主要依据。根据 Heath-Carter 体型法，体型可分为三种类型：外胚型、中胚型和内胚型（图 1-1-14）。

外胚型体形细长，瘦弱，肌肉组织和皮下组织不发达。中胚型的特征是体格健壮、结实，有粗壮的外表。内胚型表现为全身各部软而圆，消化器官肥大，脂肪沉积丰富，躯干和大腿特大，而上肢和小腿特细。

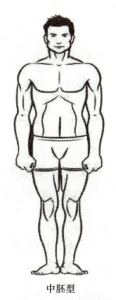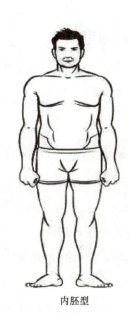

外胚型　　　　　　　中胚型　　　　　　　内胚型

图 1-1-14　三种体型对比图

（5）基础代谢。基础代谢是指基础状态下的能量代谢。基础状态是指人体处在清醒、安静、空腹、室温在 20 ℃～ 25 ℃条件下。基础代谢率是单位时间内的基础代谢，是维持生命活动所需要的最低热量。如果你在减肥，这是个很重要的指标，它可以帮你计算每天所需要的食物热量。一般来说，体重越大、代谢越旺盛、肌肉含量越高，基础代谢率也就越高。

### 3. 身体成分的评估与测试

通过评估和测试，可以大致看出一个人的身体状况。判断自己的健康状况，选择合理的锻炼方式和生活方式，以达到保持健康身体的目的。

（1）肌肉含量越高，代谢就越旺盛，运动能力也就越强。

（2）如果 BMI 比正常值偏低，体脂率和腰臀比却很高，说明腹部脂肪有堆积，很可能是个"瘦胖子"，"瘦胖子"缺乏运动，容易引起心血管疾病，女性比男性更容易成为"瘦胖子"，随着年龄的增长这种现象会更加普遍。

（3）将 BMI 和体脂率相加结合，可以得到这样的结论，较低的 BMI 和较低的体脂率相结合属于消瘦类型，这种人由于内分泌或者消化吸收障碍造成身体消瘦，男性面临很难练出肌肉的尴尬，女性则面临代谢紊乱等问题。低的 BMI 和高的体脂率结合属于隐性肥胖人群，这类人缺乏运动、肌肉含量低。高的 BMI 和高的体脂率结合属于肥胖型，这是比较危险的人群。如果 BMI 比较高，但是体脂率低，基础代谢高，这类人有比较高的肌肉量，平时会做大量的运动，属于较好的类型。

# 第一章 健康教育

## 体验与思考

一个身高 182 cm，体重 73 kg，体脂率 13% 的青年男子，其身体成分如何？如何进行体育锻炼呢？

## 知识拓展： 身体的秘密

你每时每刻都和你的身体相处，但是你知道你身体的小秘密吗？

1. 身高：子女的身高有 35% 来自父亲的遗传，35% 来自母亲的遗传，其余的 30% 则来自后天因素的影响。

2. 肥胖：肥胖体质是最容易遗传的。如果双亲都肥胖，53% 的子女会肥胖；若只有一方肥胖，大约有 40% 的子女会肥胖。

3. 手指甲或脚指甲从根部长到指尖约需 6 个月。

4. 人体 25% 的骨骼在足部。

5. 咳嗽释放的爆炸性空气的速度最高可达每小时 60 英里（96.56 公里）。喷嚏的速度可超过每小时 100 英里（160.93 公里）。

6. 男性大脑比女性大 15%～20%。相对来说，男性更善于空间任务和运动技巧，而女性更擅长记忆和语言。

## 二、我国传统养生——传承民族文化

### （一）养生的含义

养生一词，原出《管子》，养生，即保养生命，又称摄生、道生、保生等，是指通过自我调养的方法来保养生命，达到心身健康，延年益寿的目的，乃保养生命以达长寿之意。在漫长的人类发展历史中，健康与长寿一直是人们向往和追求的美好愿望，因而养生文化不断丰富和发展，遍布世界。相对于世界其他地区的养生文化，我国的养生理论与实践由于有着古代哲学和中医基本理论为底蕴，所以显得尤为博大精深。它汇集了我国历代劳动人民防病健身的方法，融合了儒、道、佛及诸子百家的思想精华，堪称一棵充满勃勃生机和浓厚东方神秘色彩的智慧树。探索我国养生文化这棵古老而神秘的东方智慧之树，不但有利于弘扬传统文化，而且符合当今世界科学发展趋势（图 1-1-15）。

图 1-1-15 养生

### （二）我国传统养生五大流派

传统养生种类比较多，如中医养生、食品养生、药物养生、精神养生、心理养生、气功养生、武术养生、辟谷养生、佛家养生、道家养生、儒家养生、书法养生、音乐养生、五行养生、吟唱养生和吐故纳新养生等。在这些养生中，有五大流派是比较成熟和多年传承发展下来的，它们是道家养生、儒家养生、中医养生、武术养生、释家养生。

**1. 道家养生**

道家养生术源于《黄帝四经》。道家养生的主要养生观是顺其自然，无为而治；行神并养，侧重于神；动静结合，以静为主；内外兼顾，鞭后而寿。以气养生，是道家养生之道的一个重要方面。

道家代表人物是老子，看过我国古代名著《西游记》的人，大概都会记得书中有这样一件事：齐天大圣孙悟空大闹天宫，惹恼了玉皇大帝，于是玉皇大帝准备采取措施对他进行严惩。这时，有个名为太上老君的老头，主动向玉皇大帝献计请旨，要把孙悟空投入八卦炉里化掉。——传说中的这位太上老君就是大名鼎鼎的道家创始人老子的化身。

老子周朝时期人（约公元前571—公元前471年，图1-1-16），本名李耳，字伯阳，谥号聃。早年曾任周朝"守藏室之吏"，相当于现在的国家图书馆管理员。公元前516年，周朝发生动乱，老子辞职回家，写下了著名的《道德经》（即《老子五千言》）及其他著作，老子是我国古代著名的哲学家、思想家。他一生崇尚养生之道，提出的"无为""清静""守一"之说，成为道家修炼成仙的"根"。受他创立的道家学说和摄生有术的影响，东汉末叶道教创始人张道陵将其奉为道教的开山祖师。

图 1-1-16 老子

追求长生不死、修道成仙，是以老子、庄子为代表的道家修炼者的重要指导思想。在《老子》《庄子》这两部道家代表著作中表现得尤为突出，并对以后神仙思想的形成和发展，有着巨大的影响。

**2. 儒家养生**

儒家文化是我国传统文化的重要组成部分，几千年来，它深刻地影响着我国的政治、经济和文化，甚至对整个民族心理的塑造都起着任何一种文化不可取代的作用。修身、齐家、治国、平天下，是儒家文化的总纲，儒家养生讲究身心俱养、动静结合。

春秋末期思想家、政治家、教育家、儒家学派创始人孔子（图1-1-17），享年72岁。据史料记载，鲁国人的平均寿命比其他几国高出许多，可见他对养生不但有研究，而且躬身力行。

孔子主张"仁德润身"。他认为只有道德高尚的人，才会心理安定，意志不乱，得以高寿。《论语》一书，是孔子的言行记录。《论语》里记载的孔子，道德高尚，学识渊博，思想深沉，举止端正，勤恳好学，诲人不倦，是一个伟大教育家。孔子自己，则是"仁者寿""大德者必寿"的典范。

图1-1-17 孔子

他重视道德修养，心理安定，胸襟广阔。就像西汉理学家董仲舒说的仁人："外无贪而内清净，心平和而不失中正，取天地之美以养其身"，其身自然气血调和，不易发生疾病。此外，孔子情趣高雅，精通诗书礼乐，喜欢运动，爱好骑射狩猎、驾驭马车、登山，善于调摄起居，讲究饮食卫生等。这些都是他健康长寿的原因。"仁者寿"，是孔子论养生的总纲。什么样的人是"仁者"？就是"仁爱""仁厚""仁义"的人。孔子的思想核心是仁，其中心点是指人与人互相关爱。

**3. 中医养生**

中医养生就是指通过各种方法颐养生命、增强体质、预防疾病，从而达到延年益寿的目的的一种医事活动。中医养生的元典是《黄帝内经》，中医养生重在整体性和系统性。养生就是"治未病"，是通过养精神、调饮食、练形体、慎房事、适寒温等各种方法来实现的，是一种综合性的强身益寿活动。

中医养生的三种主要观点如下：

（1）天人合一的养生观。天地是个大宇宙，人身是个小宇宙，天人是相通的，人无时无刻不受天地的影响，天地的所有变化都会影响到人。所以中医养生强调天人一体，养生的方法应随着四时的气候变化而变化。

（2）阴阳平衡的健康观。养生的目标就是求得身心阴阳的平衡。阴就是构成身体的物质基础。阳就是能量，阴阳是相对的，凡是向上的、往外的、活动的、发热的都属于阳；凡是向下的、往里的、发冷的都属于阴。身体之所以会生病是因为阴阳失去平衡，造成阳过盛或阴过盛，阴虚或阳虚，只要设法使阴阳再次恢复原来的平衡，疾病自然就会消失于无形了。

（3）身心合一的整体观。中医养生注重的是身心两方面，不但注意有形身体的锻炼保养，而且更注意心灵的修炼调养，身体会影响心理，心理也会影响身体，两者是一体的，缺一不可。

#### 4. 武术养生

传统武术作为我国养生体育的代表，几千年来在"天人合一"哲学思想观念的统摄下，形成了一套极具民族文化特色的养生健身方法与体系。武术养生融合道家文化、中医养生文化等传统养生文化，与中医理论的阴阳学说、藏象学说、经络学说等相关联，它强调从整体观出发，注重人体的内外兼修，注重意念，在锻炼时要求意在行前，形神相随，在练习过程中需要配合呼吸来调整人的身心状态。能够放松机体、平衡呼吸、维持体内环境的稳定，刺激经络，从而达到养生目的，所以传统武术又被称为养生术。

（1）太极拳（图 1-1-18）。太极拳是我国国家级非物质文化遗产，是以我国传统道家哲学中的太极、阴阳辩证理念为核心思想，集颐养性情、强身健体、技击对抗等多种功能为一体，结合易学的阴阳五行之变化、中医经络学、古代的导引术和吐纳术形成的一种内外兼修、柔和、缓慢、轻灵、刚柔相济的中国传统拳术。

图 1-1-18　太极拳

（2）易筋经。易筋经是我国古代流传下来的健身养生方法，其动作注重伸筋拔骨，舒展连绵，刚柔相济；呼吸自然，动息相融；并以形导气，意随形走。易学易练，健身效果明显。

（3）五禽戏。五禽戏是东汉的名医华佗根据古代导引、吐纳、熊经、鸟伸之术，结合虎、鹿、熊、猿、鸟五禽的活动特点，并依据人体脏腑、经络和气血的功能创编而成的一套防治结合的传统保健功法。其五戏配五脏，寓医理于动作中，结合气血运行，从而达到活动筋骨、疏通气血、防病治病、健康延年的目的（图 1-1-19）。

图 1-1-19 五禽戏

（4）八段锦。八段锦是我国古代一项优秀的导引术，健身效果明显，流传广泛，是中华传统养生文化中的瑰宝。八段锦之名最早出现在北宋洪迈所著的《夷坚志》中，在北宋已流传于世。并有坐势和立势之分。

八段锦的"八"字，不是单指段、节和八个动作，而是表示其功法有多种要素，相互制约，相互联系，循环运转。喻为"锦"以表示其精美华贵，意为动作舒展优美，柔顺。此外，"锦"字还可理解为单个导引术式的汇集，如丝锦一样连绵不断，是一套完整的健身方法（图 1-1-20）。

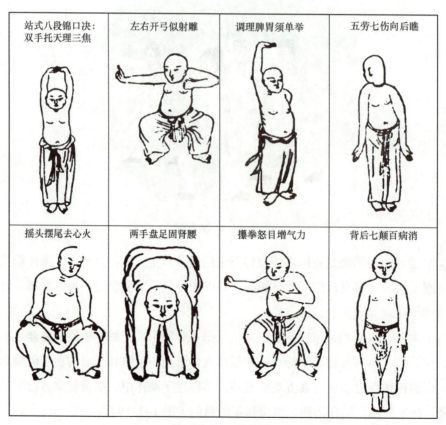

图 1-1-20 八段锦

**5. 释家养生**

释家，即释门、佛门的意思。禅宗尚静悟，贵解脱，以入定为工夫，以参证为法门，能于此而有所悟入，而后性静心空，脱离一切挂碍。从广义的角度来说，释家是信仰佛教的僧侣居士的统称，他们的生活世界是由佛教信仰主导的。

释家养生讲究精神解脱，净化心灵，强调"因果"关系，最终目的是修成正果，脱离生死轮回的苦恼，进入不生不灭、安乐自在的境界。修炼者的修行方式是修善积德，普度众生，以求得超脱，其以练心为主。佛家养生法以其独有的宇宙观、人生观解除人的心理疾患和障碍，通过心理调整达到治疗身心疾病的目的。佛家养生法包括了佛教信仰、教义、修持实践等内容。它是一门身心的自我调节与自我控制技术。从医学心理学的角度看，佛家对身心的调控，主要是通过去除烦恼心志、淡化心理应激、改善人格体质、纠正不良行为等途径来实现的。

## （三）我国传统养生理论

**1. 五行论**

五行，即木、火、土、金、水五种基本物质的运动。五行论认为任何事物都不是孤立的、静止的，木、火、土、金、水五种基本物质之间具有生、克关系，从而维持着协调平衡。而金、木、水、火、土所对应的身体的五脏为肺、肝、肾、心、脾。五脏之间也存在阴阳相生、相克关系，如肝生心——就是木生火，肝藏血用以济心；肝（木）的条达，可以疏泄脾（土）的壅滞——木克土等。

**2. 阴阳论**

任何事物都可以用阴阳来划分，阴阳是相互关联的一种事物或一个事物的两个方面。凡是运动着的、外向的、上升的、温热的、明亮的都属于阳；相对静止的、内守的、下降的、寒冷的、晦暗的都属于阴。阴阳之间的对立制约、互根互用，并不是处于静止和不变的状态，而是始终处于不断的运动变化中。对身体具有推进、温煦、兴奋等作用的物质和功能统归于阳，对人体具有凝聚、滋润、抑制等作用的物质和功能统归于阴。

**3. 四季养生**

人的五脏和四季变化是相通的，春夏养阳，秋冬养阴。冬季藏于精者，春不病温，夏暑汗不出者，秋成风疟，就是说明四季调理身体是不同的。一年四季，各不相同，决定了补充营养的不同。春季饮食宜甘甜性温，以清淡为佳；夏季饮食宜清凉爽口、少油腻、易消化的食物；秋天饮食要滋阴润肺，少吃辛辣多吃酸；冬季切忌硬的、生冷的食物，否则易伤脾。

## （四）我国传统养生方法

**1. 精神养生法**

精神养生法是指通过净化人的精神世界，改变自己的不良性格，纠正错误的认知过程。调节情绪，使自己的心态平和、乐观、开朗、豁达，以达到健康长寿的目的。精神养生法相当于现代医学的心理卫生保健法。

### 2. 传统健身术

我国传统的健身术，内容十分丰富。例如，五禽戏、太极拳、易筋经、八段锦，多种气功以及武术运动等，种类不同，各具特色。有的以动为主，旨在运动健身，使人体各部位的关节筋骨得到充分的锻炼，使百脉通畅，气血调和，各系统的机能活跃，从而使机体健壮结实，臻于长寿。有的以静为主，主动地练"意、气、形"，强调自我的身心锻炼，从而较好地发挥其保健抗衰防老的作用。

气功是我国传统养生的主要方法之一，在我国历史悠久。气功流派很多，方法各异，通过气功练习充分发挥练功者个体的主观能动作用，对身心进行自我锻炼和自我调整，以达到养生保健的目的。目前有以自我锻炼为主要形式，以强身健体，养生康复为目的的健身气功和由医者向患者实施以治疗疾病为目的的气功医疗两大类。气功的修炼过程主要由练功姿势、练意和练气3个环节组成，一定要在指导下练功，不可盲目锻炼，以免出现偏差。

### 3. 起居养生法

起居养生法是指人们在日常生活中遵循传统的养生原则，合理地安排起居，从而达到健康长寿的方法。起居养生法包括居住环境、居室结构、居室环境和气候、起居有常、饮食有节等，与日常生活息息相关。

**体验与思考**

太极拳属于哪种养生方式？你知道多少？

**知识拓展：** 了解一些养生知识，成为养生达人

1. 关于四季的养生：春三月：晚睡早起，漫步于庭院，舒缓身体；夏三月：晚睡早起，不怕白天长，胸中无怒气，违之伤心；秋三月：早睡早起，使神志保持安宁，违之伤肺；冬三月：早睡晚起，藏阳除寒，违之伤肾。

2. 关于睡觉的养生："睡眠是重中之重""一夕不卧，百日不复""会吃不如会睡，吃人参不如睡五更""为道之百编，而卧最为首"，即睡觉最重要，能睡者长寿也。古人曰："睡眠，要先睡心，后睡眠"（即安定心神睡觉）。

3. 养生的四大经典名著：《黄帝内经》是专门讲医理的；《伤寒论》是专门讲如何辨病以及治病方法的；《神农本草经》是专门讲中药的，还有扁鹊所著的《难经》。

## 三、运动行为——培养健康的生活方式

### （一）行为和生活方式

**1. 行为的概念**

行为是个体或群体对环境的反应。行为分为两类：第一类是先天性的定型行为，包括个体保存行为和种族保存行为；第二类是后天习得的各种行为，是人类在所处的社会文化环境中，通过社会化获得的。

体育行为是人类有目的、有意识地利用各种手段和方法，为满足某种体育需要而进行的活动。它是一个比较宽泛的概念，即凡是与体育发生联系的行为活动，都可称为体育行为，运动行为（图1-1-21）是体育行为的主要表现形式。

图 1-1-21　运动行为

**2. 健康的生活方式的含义**

健康的生活方式是指有益于健康的习惯化的行为方式。其主要表现为生活有规律，没有不良嗜好，讲究个人卫生、环境卫生、饮食卫生，讲科学、不迷信，平时注意保健、生病及时就医，积极参加健康有益的文体活动和社会活动等。世界卫生组织（WHO）将影响健康的因素总结为：

健康 =60% 生活方式 +15% 遗传因素 +10% 社会因素 +8% 医疗因素 +7% 气候因素

健康的生活方式主要包括合理膳食、适量运动、戒烟限酒、心理平衡四个方面。健康的生活方式管理核心是养成良好的生活习惯。健康的生活方式是需要培养的，培养的主动性在人们自己，生活方式管理的观念就是强调个体对自己的健康负责。

（1）良好的作息时间。每个人的精力是有限的，只有精力充沛时做事效率才会高，良好的作息是保证有精力的前提。很多人晚上躺在床上还要让手机伴随入眠，这其实是很伤身体的，久而久之，就会让自己没有精神。

（2）适当的体育锻炼。生命在于运动，有效的体育运动可以更好地排除体内垃圾，增加血液循环，增强新陈代谢；可以使自己有一个健康的体魄，一个健康的体魄可以使自己越来越自信。

（3）合理的饮食营养。每个生命的延续都需要营养供给，人类也一样。人的每个阶段需要的营养是不一样的，合适的饮食自然会使人健康成长，切忌暴饮暴食，更不要挑食，平时饮食尽量多样化，不能太单一。

（4）戒掉不良嗜好。吸烟的害处，举世公认，越早戒掉越好。吸烟的人，无论吸烟多久，都应该戒烟，任何时候戒烟对身体都有好处，都能够改善生活质量。过量饮酒，会增

加患某些疾病的风险，并可导致交通事故及暴力事件的增加。建议成年男性一天饮用的酒精量不超过 25 g，女性不超过 15 g。

（5）达到心理平衡。良好的心理状态是能够恰当地评价自己，可以应对日常生活中的压力，有效率地工作和学习，对家庭和社会有所贡献的良好状态。乐观、开朗、豁达的生活态度，将目标定在力所能及的范围内，建立良好的人际关系，积极参加社会活动等均有助于个体保持自身的心理平衡状态。

### （二）体育运动促进健康的生活方式

#### 1. 体育运动是现代休闲娱乐的重要方式

与其他任何一类社会文化娱乐和休闲方式相比，体育运动无疑具有最为广泛的社会适应性，适宜的身体运动不仅有利于机体健康，也有益于身心健康。现代社会为人们提供了丰富多彩的文化娱乐方式，而体育运动则是最普遍的休闲方式之一。

#### 2. 培育健康的体育生活方式

"积极生活"是指每一个人在日常生活中都可以进入身体运动的所有领域，是一种体育活动受到尊重并融入日常生活的一种生活方式。人们通过寻找愉快的机会与创造社会物质和文化环境，以改善身体健康、追求个人幸福以及提高生活质量。其包括：参与体育活动；有目的的中等强度体育活动；有一定结构的反复进行的身体锻炼活动；健身与体育辅导；集体体育活动，尤其是闲暇与休闲体育。

### （三）运动行为与心理健康

#### 1. 心理健康的含义

心理健康是一种生活适应良好的状态，包括认知维度、情绪维度、人格维度和社会适应维度等 4 个维度。

#### 2. 心理健康的标准

（1）智力正常。

（2）适当的情绪控制能力。

（3）对自己做出恰当的评价。

（4）能保持良好的人际关系。

#### 3. 运动行为对心理健康的影响

（1）体育活动与自信心的建立。积极地参加体育活动，有利于个体增强体质，使自己的体型更健美，从而有助于形成良好的身体自我认知。成功地参与一些有规律的体育活动，将提高个体体育活动能力的有效感，增强积极的心境，提高对生活的满意度。

（2）体育活动对情绪的改善。体育活动有抗抑郁作用，易形成乐观主义，运动愉快感是心理健康的中介变量，经常参加体育锻炼可以改善不良情绪，使心理承受能力增强。参

## 第一节 学习身体运动知识 提升体育运动能力

加体育锻炼者感觉更加轻松，疲劳程度转轻，并具有较强的组织纪律性。同样，运动者看起来精神更好，自信心更强，工作学习效率更高，很少感到沮丧，并且健康水平较高。

（3）体育活动可以促进智力发展。体育活动是一种积极的、主动的活动过程，在此过程中练习者必须提高自己的注意力，有目的地观察、记忆、思维和想象。因此，经常参加健身活动能改善人体中枢神经系统，提高大脑皮层的兴奋和抑制的协调能力，使神经系统的兴奋和抑制的交替转换过程得到加强，从而改善大脑皮质神经系统的均衡性和准确性，进一步促进人体感知能力的发展，使得大脑思维的灵活性、协调性、反应速度等得以改善和提高。

（4）体育活动能增加社会交往。通常运动是与其他人一起进行的，在运动中可以产生友谊，发生有趣的事并引起其他人的注意力。生活必须与人相处，人在形形色色的社会交往中表现出不同的社会适宜性，人与人相处的好就意味着其社交适应力强，反之对社会适应力差的人对其自身的健康发展产生消极的影响，并容易产生心理疾病和生理疾病。体育有利于提高人与人之间的交往，协调人际关系，培养良好的社会公德，增强责任感，遵守社会规范。

### 体验与思考

描述自己的生活方式，自己的运动行为对生活方式有什么影响？

### 知识拓展： 了解一些养生知识，成为养生达人

1. 锻炼时间

傍晚锻炼最为有益，原因：人类的体力发挥或身体的适应能力，都以下午或接近黄昏时分为最佳。此时，人的味觉、视觉、听觉等感觉最敏感，全身协调能力最强，尤其是心率与血压都较平稳，最适宜锻炼。

2. 睡眠时间

午睡最好在中午十一点到下午一点，对心脏有好处。饭后 30 min 就可以小睡一会儿，以 30～40 min 为最好。晚上，则以十点至十一点为佳，因为人的深睡时间在半夜十二点至次日凌晨三点，人在睡后 90 min 就能进入深睡状态。

3. 水果时间

吃水果的最佳时间是饭前 1 h。水果属于生食，最好吃生食后再吃熟食。注意，是饭前 1 h 左右，而不是吃完水果紧接着吃正餐。

4. 刷牙时间

饭后 3 min 是漱口、刷牙的最佳时间。这时口腔里的牙菌斑开始分解食物残渣，产

生的酸性物质容易腐蚀牙釉质，使牙齿受到损害。夜晚刷牙比清晨刷牙好。因为，有的东西会堵塞在牙缝里，如果睡前不刷牙，食物经过一夜发酵腐烂，细菌大量繁殖，产生的乳酸会严重腐蚀牙龈，引起龋齿病（即虫牙）或牙周炎。

5. 散步时间

饭后 45 min～1 h，散步 20 min，热量消耗最大。如果在饭后 2 h 再散步，效果会更好。注意，最好不要刚吃完就立刻散步。

## 第二节　知晓健康保健知识　塑造健全人格品质

### 一、青春期教育——了解我自己

#### （一）青春期的秘密

青春期（图 1-2-1）以生殖器官发育成熟、第二性征发育为标志，是初次有繁殖能力的时期。人类及高等灵长类以雌性第一次月经出现为标志，青春期是由儿童逐渐发育成为成年人的过渡时期，是人体迅速生长发育的关键时期，也是继婴儿期后，人生第二个生长发育的高峰期。世界卫生组织规定青春期为 10～20 岁。女孩的青春期开始年龄和结束年龄都比男孩早两年左右，青春期的进入和结束年龄存在较大的个体差异，可相差 2～5 岁。通常是把十一二岁至十三四岁称为少年期，十四五岁至十七八岁称为青年初期，少年期和青年初期合称为青春期，即初中和高中阶段。

图 1-2-1　青春期

女孩的青春期特征：

到了一定年龄（10 岁左右），女孩往往发现自己的身体发生了一些变化，如身材突然长高了，1 年之内身高可增长 9 cm，渐渐接近或超过了自己的妈妈，接下来腹部、臀部开始沉积脂肪，说话的音调高，声音也越来越悦耳；体重也增加，平均每年可增加 8～9 kg，再过 1～2 年，平坦的胸部开始隆起，然后耻骨上出现稀疏的阴毛。

男孩的青春期特征：

男孩到了青春发育期，睾丸体积增大，阴囊肤色加深、变红，阴茎增长变粗，开始出现阴毛和腋毛，并依稀长出胡须。汗腺及皮脂腺分泌增加，皮肤出现粉刺。喉结突出，声音变粗。前列腺及睾丸进一步发育，约在15岁就可能出现第一次遗精。整个青春期身体明显增长，肌肉发达，在青春期末期终于发育成一个成人体型。

青春期身体发育指标参考表，见表1-2-1。

表1-2-1 青春期身体发育指标参考表

| 年龄/岁 | 女孩 | 男孩 |
|---|---|---|
| 8~9 | 身高突增开始 | — |
| 10~11 | 乳房开始发育，身高突增高峰，出现阴毛 | 身高突增开始，睾丸，阴经开始增长 |
| 12 | 乳房继续增大 | 身高突增高峰，出现喉结 |
| 13 | 月经初潮出现，出现腋毛 | 出现阴毛，睾丸、阴茎继续增长 |
| 14 | 乳房显著增大 | 变声，出现腋毛 |
| 15 | 脂肪积累增多，丰满，臀部变圆 | 首次遗精，出现胡须 |
| 16 | 来月经有规律 | 阴茎、睾丸已达成人大小 |
| 17~18 | 骨骺愈合，生长基本停止 | 体毛接近成人水平 |
| >19 | — | 骨骺愈合，生长基本停止 |

## （二）关于青春期的问题

### 1. 青春期的感情问题

可以和好朋友说说，让她帮助你分析一下。可以写日记，把自己的心事写在日记里。可以和父母聊聊，不要不好意思，父母是最疼你的，他们会竭尽全力帮你。可以和知心的老师谈谈。

### 2. 青春期长了青春痘（图1-2-2）

调整作息时间，熬夜是痘痘的第一大诱因，其对身体的危害也是巨大的，要在晚上10点上床，11点之前休息。注意卫生，勤换毛巾、枕巾、床单，不要用手摸脸；注意饮食，少吃或者不吃辛辣、甜的食品，这些食品是痘痘的诱因。多喝水可以促进体内毒素的排除，也可以让皮肤变得更加水润。

图1-2-2 青春期长了青春痘

### 3. 青春期长高的方法

饮食上需要合理搭配，荤素搭配合理，不要根据自己的喜好进行饮食。每日蛋、肉、豆制品、鱼类、菜、水果等都要食用一点，尽量保证身体的营养需求。每天临睡前30 min喝一杯纯牛奶，有助于身体对钙质的吸收，有助于睡眠。多喝白开水，不要饮用饮料、果汁类饮品。学习姿势要注意，写字时要注意写字的姿势，坐着听课时，腰板要挺直，不要佝偻着身体，这样时间久了，脊椎就会弯曲，严重影响身高以及身材生长发育。每天坚持运动，接触阳光，保证每天的运动量，每天跑跑步，打打球，或者散散步，更要及时恰当的接触每天的阳光，这样能够更好地促进身体对钙质的吸收。

### 4. 青春期的男、女心理上的变化

青春期的男、女随着生理的改变，心理上也起了很大的变化。他们常常表现得热情洋溢，活泼快乐，精力充沛，富有朝气；独立性增强，对问题的看法有自己的见解，自我意识增强，逐渐产生想当成人的愿望；渴望独立，对父母、老师的话不再盲目听从，喜欢独立思考和探索。所以心理学家又把青春期称为"心理性断乳期"。身上既有孩子气，又有成人期的萌芽，情绪复杂多变，有时想入非非，有时喜怒无常，有人说"少女的心好比长江的水、秋天的云，变化莫测"。因此，心理学家称其为"急风怒涛"时期。所以需要老师和家长的正确引导，使青春期的少年身心得以健康地发展，顺利步入成人阶段。

### 5. 保护嗓子的方法

青春发育期，男孩的嗓音会从稚嫩的童声转变为粗壮低沉的成人嗓音，这就是所谓的"变声期"。变声期内声带会发生肿胀、充血现象，所以要特别注意保护嗓子，以免引起嗓音长期沙哑。变声期不使劲喊叫、唱歌，唱歌要有节制；唱歌、大声讲话后不要马上喝冷饮，应喝温开水。冬季应注意保护颈部，同时应注意适当休息，加强体育锻炼，预防感冒。少吃有刺激性的食物如辣椒、大蒜、油炸食品等。要禁烟、酒。

### 6. 吸烟对身体的影响

烟中含尼古丁、一氧化碳等约三十种毒素，长期吸烟可导致慢性支气管炎。

### 7. 与异性交往（图 1-2-3）

（1）男女交往做到互尊互爱，既要懂得尊重自己，尊重同性，又要懂得尊重他人。

（2）善于控制自己的感情，不轻易表达对异性的好感，更不要随便给异性写信。

（3）举止端庄，以礼待人。

（4）坚持集体交往，不要与异性单独接触；不单独给异性赠送礼物；也不要单独接受异性的馈赠。

（5）明辨是非，增强抵制不良习气的能力。

图 1-2-3　与异性交往

### 8. 第一特征与第二特征的含义

医学上把男女胚胎时期形成的生殖器官本身的差异称为主性征，也称第一性征。男女

## 第二节 知晓健康保健知识 塑造健全人格品质

两性除内、外生殖器以外，在外观及形体上的差异称第二性征，又称副性征。

### 9. 正确对待遗精

遗精是男孩一种正常的生理现象，要注意把精力放在学习上，积极参加课外活动。养成一些必要的卫生习惯，如及时换洗内衣裤，并清洗外生殖器，不穿过紧的内裤，睡前用温水洗脚等。要早睡早起，醒后立即起床。不看内容不健康的信息等。

### 10. 正确对待月经

月经是女孩进入青春期后出现的正常生理现象。对于月经不必因害羞、恐惧而成为精神负担。在月经期由于盆腔充血，有时会出现轻微腹痛、腰酸等，这属于正常现象。如遇到严重痛经、闭经、经期紊乱或出血过多等异常现象，应告诉家长并及时就医。月经期间身体会发生一些变化，抵抗力也相对较弱。月经期间的卫生保健是至关重要的，月经期间应注意的问题：①每天要用温水清洗外阴部，使用的毛巾和盆要清洁。要使用清洁的卫生纸（巾）。②要有足够的睡眠和休息。进行适当的运动，但要避免剧烈运动。③避免着凉，不要吃生冷、辛辣的刺激性食物。④要做到心情舒畅，情绪稳定。情绪波动或精神过度紧张，会影响大脑皮层的调节功能，容易引起月经失调。

### （三）关于青春期的话题

#### 1. 树立目标

青春期要树立正确的人生观，让自己把目标确定下来，并坚持自己的选择，这样才不会后悔。写下实现目标的理由，给自己一个时间周期，写下实现目标所需的条件，自问"假如要实现目标，我必须变成什么样的人"并在纸上写下来，定下承诺，直到实现目标为止，决不放弃，设下时间表，从实现目标的最终期限倒推至现在，马上采取行动。现在开始，衡量每天的进度，检查每天的成果。

#### 2. 全方位发展

学生的本职就是读书。读书重要，但是不是人生的全部，如果只知道读书，就会变成"书呆子"，缺乏动手能力、沟通协调能力、组织能力、表达能力等，将会在以后的工作中，逐渐显示出劣势，因此，懂得生活、学会生活；懂得审美、学会健美；需要做的是多参加活动，多锻炼身体，多与人交流，争取全面发展。

#### 3. 学会选择朋友

朋友对于人生是非常重要的，"多个朋友多条路"，要主动结识一些朋友，在朋友那里学到一些东西。有困难时能够在朋友处得到帮助，而朋友有困难时也要及时伸出援手。因为，与自己一起笑过的人易忘记，与自己一起哭过的人最难忘。当然，交朋友要有选择性，对于品质不好、不讲诚信的人，尽量不要结交。

#### 4. 懂得恋爱

青春期对爱情已经开始懵懵懂懂，不要把爱情隐藏起来，爱情并不神秘，早晚有一天，你是要谈恋爱的。花前月下漫步总是美好的，甜言蜜语更是迷人，可别忘了现实中还有风霜雨雪。因此，不要过分憧憬爱情的美，不要过分夸大失恋的悲伤，树立正确的恋爱观，才不会在以后犯低级错误。

#### 5. 学会担当

青春期的孩子有了对事物的自我辨知能力，要学会承担责任。自己的行为只能自己负责，要敢于做一些自己可以负起责任的事。

#### 6. 注意得失

输赢并不重要。患得患失，能赢得起却输不起，这是完全没必要的。塞翁失马焉知非福，这个道理越早明白越好。当得意时，要保持清醒的头脑，而失意时，要继续坚持下去，争取做笑到最后的那个人。一个人，不可能永远得意，也不可能永远失意，得意时，你要清醒，这个世界上有太多比你厉害的人，要记得自己的渺小；失意时，不退缩，坚持下去：过去是怎样走过来的，现在就怎样走过去。

#### 7. 感恩亲人

和谐的家庭环境和良好的家庭氛围，浓浓的亲情对孩子性格的培养和道德观念的形成是至关重要的。孩子要懂得怎样去关心亲人，怎样与亲人相处得更融洽，在亲人有困难时，能够主动做一些事情。亲人只有一次缘分，这辈子，即使无法与你一路同行，但在风雨交加时，总会想着为你遮风挡雨。即使不能与你一路并肩作战，但在你遇到艰难险阻时，总会想着与你一同分担苦痛。

## 二、运动营养与健康饮食——个人膳食调节

### （一）基础营养

营养素分为两大类：即三大营养物质和微量元素。三大营养物质包括糖、脂肪、蛋白质。三大营养物质在分解代谢中，所蕴含的化学能释放出来，成为机体维持各种生命活动及运动的能量来源。微量元素包括维生素、无机盐和水。它们主要作用是维持和调节细胞功能，我国居民平衡膳食宝塔（图1-2-4）。

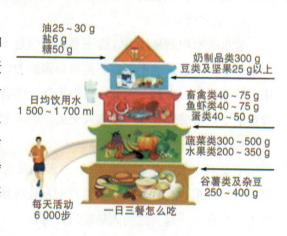

图1-2-4 我国居民平衡膳食宝塔

### 1. 碳水化合物——糖的来源

糖的来源主要是由植物性食品来提供，如大米、小麦及由其制成的相关食品、马铃薯、白薯等块根类食物、玉米、蔬菜等。其中食物中的糖类大多以多糖形式存在。单糖、双糖食物中含量较少，多存在于水果、牛奶和蜂蜜等食物中。

### 2. 蛋白质——生命的物质基础

蛋白质的基本作用是调节生理机能、维持体液平衡和酸碱平衡以及参与供应能量，是构成细胞的基本结构物质。饮食中的蛋白质有两种来源，一种是动物性食品，含蛋白质数量较多，质量较好，如奶类、鱼类、肉类和蛋类；另一种是植物性食物，如豆类、谷物，在膳食中应合理搭配。

### 3. 脂类——人体重要的组成成分

脂类是人体重要的组成成分，包括脂肪和类脂。脂肪是储存能量和提供能量的主要物质，具有维持体温、保护脏器、促进脂溶性维生素和其他脂溶物质吸收的作用。脂类的动物性来源有猪油、牛油、羊油、鱼油、奶油、蛋黄油和禽类油；植物性来源有花生、大豆、芝麻、棉籽、向日葵、菜籽油、核桃、松子油等。膳食中的脂肪植物油优于动物油，植物油中含不饱和脂肪酸，可降低动脉硬化的发病率。

### 4. 维生素

维生素是维持人体正常代谢和机能必不可少的一类低分子有机物的总称。维生素可分为脂溶性和水溶性两类，前者是维生素 A、D、E、K 等，后者是维生素 B 族和维生素 C 等。维生素种类繁多，不同品种结构差异较大，但具有共性：存在于天然食物中，含量极微；在物质代谢中各种维生素发挥不同的作用，缺少了会产生相应的维生素缺乏症；各种维生素均不提高能量，也不参与人体结构的组成；除维生素 D 族外，都不能由人体合成，需从食物中直接摄取。

### 5. 无机盐

无机盐的生理作用较为广泛，硫、磷参与蛋白质组成，是人体的组成部分；钙、镁参与骨骼、牙齿和体液的组成，通过渗透压调节水分的储存和流动，维持机体酸碱平衡；铁参与血红蛋白的构成，对输送氧起重要作用。

### 6. 水分

水是人体重要的组成成分，是维持生命活动必需的营养物质。水分布于各种组织器官和体液中。血液等体液含水量最多，可高达 90%；肌肉、心、肝、脑、肾等含水量为 70%～80%；皮肤含水量为 60%～70%；骨骼及脂肪组织含水量最少为 12%～15%。人体的含水量受饮水及排汗量的影响较大，还因年龄、性别而异。新生儿含水量为体重的 70%～80%，随着年龄的增长，体内水分减少。

## （二）合理营养的健康饮食

合理的三餐能量分配比例是早餐 30%、午餐 40%、晚餐 30%。三大营养物质的合理比例为糖 55%～65%、脂肪 20%～30%、蛋白质 10%～15%。

### 1. 早餐要吃好

优质的早餐是上午生活和学习的物质基础。早餐距前一天的晚餐时间最长，一般在 12 h 以上，体内的各种物质需要及时补充才能保障上午的能量供应。

早餐要素：粮谷类 + 蛋白质 + 蔬菜水果。粮谷类含丰富的维生素 B 族，早餐中加入肉类、奶类等含有丰富钙、磷、铁、维生素 A、维生素 D、维生素 B 族健脑食品，可维护大脑的正常机能。

### 2. 午餐要均衡

上午的学习和生活使得早餐的营养物质不断消耗，需要及时补充，同时为下午的学习储备能量。午餐要素需多种多样：粮谷类 + 动物性食物 + 蔬菜水果 + 奶豆。经过一上午高度集中的脑力劳动，细胞内的物质及神经递质消耗增加，新陈代谢也加快，大脑对各种营养素需求量增大。因此，午餐应增加碳水化合物、优质蛋白质、不饱和脂肪酸、磷脂、维生素 A、维生素 B、维生素 C 及铁等营养素的供给。

### 3. 晚餐要适量

晚餐宜清淡，摄入食物量能满足晚间活动和睡眠即可，以减轻肠胃负担。晚餐要素需多种多样：粮谷类 + 动物性食物 + 蔬菜水果 + 奶豆。

---

**知识窗**

**一日健康食谱**

1. 早餐

鲜牛奶 1 杯 + 全麦面包数片 + 火腿炒鸡蛋（1 根火腿和 1 个鸡蛋）+ 炝拌黄瓜（1 根）

2. 午餐

焖大虾（100 g）+ 香菇菜心（50 g）+ 紫菜豆腐汤（1 小碗）+ 胡萝卜炖牛肉（100 g）+ 清炒豌豆苗（50 g）+ 花卷（两个）或者米饭（150 g）

3. 晚餐

鱼香肝尖（50 g）+ 肉丝炒莴苣（50 g）+ 银耳莲子羹（1 小碗）+ 米饭（1/2 碗）

---

## （三）减肥塑身的营养计划

减肥塑身的营养计划主要从能量营养素调控、膳食结构调整和食物总能量限制三方面设计。减肥膳食三大能量物质的比例为碳水化合物 40%～55%、脂肪 25%、蛋白质

20%～30%。膳食结构建议每日蛋白质摄取量为1.2～1.8 g/kg，以优质蛋白为主，每天补充25～35 g膳食纤维以维持肠胃功能，减少脂肪酸的吸收。每天摄入的能量应小于每日能量消耗，根据运动情况将热量控制在1 000～1 500 kcal。

在运动中，糖是主要供能物质，糖代谢释放能量给肌肉供能。脂肪只能在氧气供应充足的情况下，在肌肉中被氧气氧化，产生能量、二氧化碳和水。当运动刚开始几十秒时，机体主要依靠肌肉中的快速供能物质（三磷酸腺苷ATP）分解供能，但很快就会消耗完，而后身体会调配糖和脂肪供能。运动时人体能量消耗增加，对人体中脂肪和糖的利用率增高，脂肪细胞得不到补充反而需要支出，于是就缩小变瘪；同时，多余的糖被消耗，不会转化为脂肪。这样人体中的脂肪含量减少，从而达到减肥的目的。

> **知识窗**
>
> **一日减肥食谱**
>
> 早餐：充分摄取蛋白质和脂质，可以使得体温上升、提高燃烧脂肪的新陈代谢力。
>
> 250 ml牛奶（100～150 kcal）+1个鸡蛋（70 kcal）+100 g麦片（350 kcal）
>
> 午餐：多吃蔬菜，蔬菜中含有丰富的膳食纤维，能够促进肠胃的蠕动，让肠胃保持新陈代谢正常，保持充足的优质蛋白摄入。
>
> 200 g瘦肉（150～200 kcal）+150 g米饭/粗粮（约150 kcal）+150 g瘦肉（50 kcal）
>
> 晚餐：控制能量摄入，保证蔬菜的摄入量。
>
> 50 g米饭（50 kcal）+150 g瘦肉（100～150 kcal）+250 g蔬菜（50 kcal）

### （四）健身增肌的营养计划

健身增肌需要充足的热量，每天摄入的热量应大于50 kcal/kg体重，同时适当提高蛋白质的功能比例，控制脂肪摄入量。三大营养物质的合理比例是碳水化合物55%～60%、脂肪155～20%、蛋白质25%～30%。

蛋白质是生命的物质基础，是细胞的主要构成成分。当食物中的糖类供能不足或大量消耗后，人体启动的蛋白质供能也仅占机体总能耗的15%～18%。因此，人体无论处于静止还是运动状态，蛋白质都不是供能的主要来源。在长时间的运动中蛋白质分解增加，促进运动后合成代谢，使肌肉质量提高，肌肉变得粗壮有力。因此，健身增肌的人群需要每日补充蛋白质，以增加肌肉蛋白的数量和质量，而非作为能源储备物质。

知识窗：

### 健身增肌一日食谱

早餐7～8点：摄入碳水化合物，包括1个面包、馒头、花卷或者米饭、面条都可以（量可以稍大一些）、蛋白质包括一杯牛奶、蛋清两个、脂类坚果（两个核桃）。

早餐后1h：进食一个香蕉或者苹果。

10点左右加餐：面包一片或者蒸土豆一个、蛋清一个、香蕉或猕猴桃一个。

午餐12点：摄入碳水化合物包括一大碗米饭、面条或水饺，蛋白质类包括牛肉、鸡肉、鱼肉、豆腐、海鲜等（红烧、清炖、清蒸任选），一把腰果，海带、金针菇、菜花、蘑菇、柿子椒、豆芽、菠菜等蔬菜。

15点左右：加餐面包片一片或玉米棒一个、蛋清一个、香蕉或橘子一个。

晚餐18点：摄入碳水化合物，一大碗米饭或面条都可以，鱼肉、豆腐、海鲜均可（最好清炖、清蒸），核桃两个，蔬菜和午餐相同。

21点：加餐面包一片或者蒸土豆一个、蛋清一个、香蕉或猕猴桃一个。

## 三、自然环境与运动健康——自我健康管理

人类的自然环境又称物质环境，可分为两类：天然的原生环境，如空气、水、土壤等；另一类由于工农业生产和人群聚居等对自然施加的额外影响，引起人类生存条件改变，称次生环境，它是危害人类健康的主要环境因素。

### （一）雾霾环境下的体育活动

雾霾天气下，为了防护大气污染物通过呼吸系统进入人体，不宜进行室外体育活动，应改为在室内进行有效的体育活动，如30 s握拳、坐姿转体拉伸、支撑转体、支撑臂屈伸、V字对抗等徒手活动，也可以借助弹力带、哑铃、握力计等轻便器械进行室内体育锻炼。室内体育活动需关注活动的强度和密度，每组练习需练习一定组数才能达到有效锻炼的目的，同时练习前注意做好拉伸，运动后适当放松，注意安全，防止运动损伤。

### （二）特定职业环境中的个人保护

每一个职业都有一定的工作环境和工作方式，有些工种的工作场所存在有害物质，如铅、汞、氯、一氧化碳、有机磷农药和生产性粉尘等。有些工种的工作条件存在异常，如高温、高湿、高气压、噪声、振动、红外线、紫外线等。还有一些工作无通风换气，照明、防尘、防噪声设备效果不好，以及有太阳辐射等情况。这些都是不利的工作环境，长时间工作会对人体造成伤害。

在实际工作中，应对不利职业环境需加强个人防护，如不在工作场所吸烟、严禁火

灾，注意水、电、煤安全使用；接触辐射、有毒物质应穿戴防护工作服、戴防护手套，在有毒大气环境中需佩戴防毒口罩、防毒面具或防尘口罩，接触红外线、紫外线、激光、微波应戴防护眼镜或穿防护服，噪声环境下应佩戴耳机等。

> **体验与思考**
>
> 你的青春期是怎么度过的，遇到什么问题了吗？

> **知识拓展：** 青春期只有一次，学学前辈，好好珍惜青春期吧。
>
> 青春期在人的一生中是短暂的，许多名人、伟人就在这个时期内开始取得成就。著名诗人王勃在19岁时写下了《滕王阁序》；李世民在18岁时任军队的总指挥；马克思在17岁时写出了富有哲理性的文章——《青年在择业上的考虑》；恩格斯在19岁时学会了10种外国语言；列宁在18岁时投身俄国的革命。在西方的雅典，一个名叫阿里斯托勒斯的18岁年轻人，因为听了苏格拉底的演讲，他毅然决然结束自己摔跤手生涯，拜入苏格拉底门下。当时他在摔跤界已很有名气，人送外号"宽"。这个决定对他个人来说不算大，但对于整个人类文明史来说意义极其重大，因为"阿宽"是意译，它的音译称为"柏拉图"。

## 第三节　做好运动损伤防护　降低运动风险水平

运动损伤是青少年意外伤害的主要因素，职高生是运动损伤的高发人群。了解运动损伤的常见形式，采取合理措施预防运动损伤对保障青少年安全、有效地参与体育运动至关重要。

### 一、常见的运动损伤与处理

#### （一）擦伤

擦伤多指皮肤表面受到摩擦后的损伤。对于轻度擦伤，伤口干净者一般只要涂上红药水或紫药水即可自愈。重度擦伤：首先需要止血。止血的方法有冷敷法、抬高肢体法、绷带加压包扎法、手指直接指点压止血法。冷敷法：可使血管收缩，减少局部充血，降低组织温度，抑制神经的感觉，因而有止血、止痛、防肿的作用，常用于急性闭合性软组织损伤（图1-3-1）。

### （二）鼻出血、鼻部受外力撞击而出血

处理方法：应使受伤者坐下，头稍向前倾，以减少血液流入口腔。捏鼻翼约10分钟，以压迫止血，叮嘱张口呼吸（图1-3-2）。用冷毛巾、手绢或冰袋敷在前额鼻根部或脖子后面，使血管收缩减少出血。

图1-3-1 擦伤的处理

图1-3-2 鼻出血的处理

### （三）扭伤

扭伤是在关节活动范围超过正常限度时，附在关节周围的韧带、肌腱、肌肉撕裂面造成。重度扭伤处理：应先止血、止痛。可把受伤肢体抬高，用冷水淋洗伤部或用冷毛巾进行冷敷，使血管收缩，减轻出血程度，减轻疼痛。不要乱揉，防止增加出血。然后在伤处垫上棉花，用绷带加压包扎。受伤48 h以后改用热敷，促进淤血的吸收（图1-3-3）。

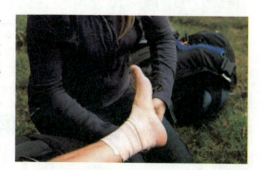

图1-3-3 扭伤的处理

### （四）挫伤

在钝重器械打击或外力直接作用下使皮下组织、肌肉、韧带或其他组织受伤，而伤部皮肤往往完整无损或只有轻微破损。处理方法同扭伤。

### （五）脑震荡

脑震荡指头部受外力打击或碰撞坚硬物体，使脑神经细胞、纤维受到过度震动。可分为轻度、中度和重度脑震荡。轻度脑震荡患者，安静卧床休息1～2天，可在一周后参加适当的活动。中、重度脑震荡患者，要保持患者绝对安静，仰卧在平坦的地方，头部冷

敷，注意保暖，及时送医院治疗（图1-3-4）。

### （六）脱臼

由于直接或间接的暴力作用，使关节面脱离了正常的解剖位置。处理方法：动作要轻巧，不可乱伸乱扭。可以先冷敷，扎上绷带，保持关节固定不动，再由医生矫治。

### （七）骨折

骨的完整性受到破坏。处理方法：首先应防止休克，注意保暖，止血止痛，然后包扎固定，注意就地固定伤肢，不能随意搬动，最后医院治疗（图1-3-5）。

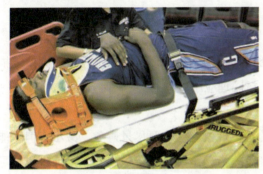
图1-3-4　脑震荡的处理

图1-3-5　骨折的处理

运动损伤会限制体育锻炼对生长发育的诸多益处，所以在学校的体育课和课外体育活动中，运动安全知识的学习、技能的教育和运动损伤康复训练方法的掌握都很重要。

## 二、运动损伤的康复训练

康复即"恢复"，康复训练是用积极科学的训练活动促进肌肉、关节、韧带等功能恢复，进而提升体质健康水平，消除功能障碍，最大限度恢复生活和劳动的能力。

### （一）康复训练的任务

康复训练的主要任务就是要保持良好的训练状态、预防因缺乏运动产生的肌肉萎缩、消除受伤部位再伤、预防因训练量突然变化造成停训综合征、促进受伤部位组织的健康再生。

### （二）康复训练的原则

康复训练主要遵循以下原则，针对损伤症状治疗、不停止承受能力范围内的训练、损伤部位循序渐进训练、实行个性化康复训练，以确保运动员保持运动状态，尽快恢复训练水平。

### （三）康复训练的方法

康复训练不是只养不动，也不能运动过量，要掌握和运用合理的康复训练手段，通过开展科学合理的康复训练，加快肌肉、关节、韧带的功能恢复，促进整个机体功能尽快恢复到最佳状态。

### 1. 从临床疗法到物理疗法的康复训练

对于运动损伤，经过现场处理、按摩、注射、手术等临床处置后，需要采取物理疗法，促进机体的快速恢复。

### 2. 从被动活动到主动活动进行训练

调查显示，对于较严重的急性损伤，一般是先依靠外力帮助活动，促进伤处功能逐渐增强，达到一定程度后依靠肌肉力量做负重活动，逐步恢复、增强、提高肌肉力量和活动速率。

### 3. 从对应部位到损伤部位的康复训练

整个机体是一个协调性非常强的整体，通过加强伤处对应部位练习，可以达到修复损伤的效果。对于屈伸肌群，外展内收肌群等，按同理应用。

### 4. 从身体康复到心理康复的训练

要让受伤者知道，运动损伤是体育运动的正常现象，受伤要尽量避免、减小，但不能完全消除，要做好心理准备。同时，加强心理康复指导，使之保持乐观心态，促进机体尽快康复。

## 第四节　接受运动安全教育　保证体育运动质量

### 一、运动前的注意事项

#### （一）检查自己的身体情况

参加体育活动，首先了解自己的身体状况，学会自我监督，随时注意身体功能状况变化，若有不良症状要及时向教师反映情况，采取必要的保健措施。切忌有心脏病或其他不适合参与体育活动的疾病而隐瞒病情，勉强参加活动。

有以下疾病或症状，禁止参加体育活动：

（1）体温增高的急性疾病。

（2）各种内脏疾病（心、肺、肝、肾和胃肠疾病）的急性阶段。

（3）有出血倾向的疾病，如肺及支气管咳血，鼻出血，伤后不久而有出血危险，消化道出血后不久等。

## 第四节  接受运动安全教育  保证体育运动质量

（4）患有心脏病、高血压等疾病的，禁止参加长跑等长时间的剧烈运动。

### （二）检查场地和器材

应认真检查运动场地和运动器材，消除安全隐患。要注意场地中的不安全因素，如场地是否平整，是否有石头土块；检查沙坑的松散度，是否有石子杂物等；检查体育设施是否牢固安全可靠，器材的完好度等。不冒险，确保自身安全。

### （三）做好运动准备

应穿运动服装、运动鞋，不要佩戴各种金属的或玻璃的装饰物，不要携带尖利物品等，做好热身准备活动。

## 二、运动时的注意事项

### （一）掌握动作要领

在体育锻炼活动中，了解和掌握动作要领及方法，不仅能够在运动过程中发挥好技术动作，达到体育锻炼的目的，还能消除心理上的恐惧，增强自信心，避免不必要的伤害（图1-4-1）。

### （二）正确使用器材

要掌握器材的性能、功能及使用方法。要严格遵守相关操作规程，在一些体育器械

图1-4-1  运动时要掌握动作要领

（如铅球、实心球等）的使用中，要选择适当的场地，确保自身安全，同时还要注意不要伤及他人安全。

### （三）运动负荷要适当

参加体育运动要根据自身的身体素质条件，选择最有利于增强体质的运动负荷。可循序渐进，由易到难，从小到大。负荷过小，对身体作用不大；负荷过大，会损害身体；只有适宜的运动负荷，才能有效地增强体质，提高健康水平。

## 三、运动后的注意事项

### （一）做好恢复整理活动

做恢复整理活动的目的就是使人体更好地从紧张运动状态过渡到安静状态，使心脏逐渐恢复平静，放松身心。如果突然停止运动，就会造成暂时性的贫血，产生心慌、晕倒等一系列不良反应，对身心健康造成损害。经过剧烈运动后应做一些较温和的活动，如散步及缓慢地深呼吸，能令心脏血管系统逐渐恢复正常。

## （二）自我检查运动反应

如果感到十分疲劳，四肢酸沉，出现心慌、头晕，说明运动负荷过大，需要好好调整与休息。运动后经过合理的休息感到全身舒服，精神愉快，体力充沛，食欲增加，睡眠良好，说明运动负荷安排比较合理。

## （三）适当补充能量

参加体育运动要消耗大量的能量，所以在运动后（运动前也应适当补充能量）要科学饮食，保证身体的需要，确保取得最佳的锻炼效果。

（1）运动后 30 min 至 1 h 进餐。

（2）避免喝含有咖啡因的饮料。

（3）运动结束 5～10 min 后饮水（含盐）。

## 四、户外运动遇险的防范与救护

近年来，随着户外运动的兴起，参与户外运动的人数越来越多，户外运动的安全与防护就显得越发重要。下面就比较常见的户外遇险情况与相关的救护方法进行介绍：

### （一）野外迷路

在户外运动，特别是徒步、定向越野、登山（图 1-4-2）等运动项目中，迷路是最常见的事故之一。在野外迷路后，如果能有效使用正确方式报警求援，将会大大增加被发现的机会，从而得到救援。正确的求救方法如下：

（1）意识到自己迷路后，不要慌乱，保持冷静。

图 1-4-2 登山

（2）尽快通过手机、电话呼叫救援，如无法准确描述自己所在位置，应尽可能详细地将自己的出发位置、方向、行走时间、周围景色描述出来，以便救援方推测出具体区域，提高搜救效率。

（3）在等待救援的过程中不要再次移动，停在原地等待搜救人员的到来。如遇到不可控因素必须离开（如恶劣天气、野兽及其他可预见会威胁到生命安全的危险），必须设法告知救援方自己离开的方向，并沿途留下明显标记。

（4）保持心情平静和愉悦，不要焦虑慌乱。可通过交谈、进食、睡觉（雪地、雨天及恶劣天气时不能睡）等方式转移注意力，避免不必要的活动，尽可能保存体力。

（5）如无法通过手机、电话通知外界，利用声音、光影、狼烟等方式持续发送求救信号,求救信号遵循"有规律且持续"的原则,如连续敲击三次,停顿一下后再重复敲击三次,以吸引路过的其他人员的注意力,为自己创造尽可能多的获救机会。

(6)团队迷路时不要分散找路,任何情况下都不能单独行动。如必须有人出发寻求救援,尽可能平均分组,最好保证两组内都有男性。求救组出发后,留守成员坚守原地等候救援。

### (二)户外受伤处理

在户外运动中,受伤是最不愿发生却又无法避免的事情,因此一些基本的救护知识和技巧无疑是每个人都需要掌握的常识(图1-4-3)。在户外运动中,以下这些救护方法显得尤为重要:

#### 1. 皮外伤

在遇到野外擦伤、划破皮等皮外伤时,首先应尽快完成伤口的清洁和止血工作,在没有专用医疗消毒剂的情况下,可使用凉开水冲洗伤口,如需使用自然环境中的水,尽量煮沸后凉置再用,避免水中细菌导致伤口感染。

图1-4-3 遇到皮外伤时要止血和对伤口进行清洁

创面较小的伤口在已止血且能保证伤口不会受到二次擦碰的情况下,不要使用止血贴。较大、较深的伤口或出现血流不止的情况,更不要使用止血贴,如无医疗器具(如绷带)情况下可以使用自身衣物(如鞋带、围脖等)在近心端包扎以延缓出血,并使用医用纱布按住伤口,尽快就医。

#### 2. 扭伤、骨折等严重受伤

在户外运动中,有时会出现扭伤、骨折等较为严重的伤害,此时应立即停止运动,在开阔平坦的地方坐下或平躺,并立即拨打求救电话。在等待救援的过程中,可以利用随身携带的饮用水凉置后轻涂于受伤部位以降温消肿。在骨折伤害中,可以使用鞋带、衣袖等随身衣物作为临时绷带,借助户外树枝或自己的登山棍进行骨折部位的固定,以防止断面错位。

#### 3. 食物中毒

误食野外食物后如感觉不适,应尽快用抠喉等方式催吐,吐完后喝下大量清水并尽快就医。在户外除非万不得已,否则不要采摘任何东西食用,非吃不可时,可优先选择自己熟悉的可以食用的植物块茎或果实。

#### 4. 蛇、虫咬伤

被任何蛇或有毒昆虫咬伤后,第一时间拨打120电话求救(一定要强调自己被咬伤),

并就地休息，不要移动伤肢，等待救援。

可服用蛇药（药店有售），蛇药有清热解毒功效，可起辅助治疗作用，但不起决定性治疗作用。严格按照说明书规定剂量服用，不可盲目超量服用，以免使身体产生不良反应，适得其反。

有条件的情况下，可利用负压装置（如去掉针头的注射器）将伤口处的血液吸出，禁止用嘴直接吸吮。同时，尽可能记住咬你的蛇的外貌特征，并告知救援人员。

### （三）户外发生自然灾害应急处理

在户外运动中，有时会突发一些自然灾害，如火灾、雷暴、山洪、泥石流、溺水（图1-4-4）等。在面临这些自然灾害时，采取正确的预防和处置措施能够有效地保证安全。

图1-4-4 溺水

#### 1. 火灾

在草原或者森林里，极易发生火灾事故，这种火灾蔓延快、火势大，非常容易发生伤害事故。

首先，预防火灾。在户外，尽量不要生火野炊，如果要生火，应在远离草地、林地的开阔土地上进行，生火结束后要将灰烬完全浇灭并用土掩埋。户外不要吸烟，更不要随意丢弃未熄灭的烟蒂，以防止火灾的发生。

其次，火灾的自救和避险。在户外发生火灾，首先要冷静，不要惊慌，先观察风向或火势行进方向，然后迅速往上风向或者火势蔓延方向的相反方向躲避，并拨打报警电话。如果自己身处火灾中，应迅速用水打湿衣物并捂住口鼻，然后迅速离开火场。

#### 2. 雷暴

炎热的夏季，户外活动时会经常遇到雷暴和大风等极端天气。首先，户外活动之前要提前了解天气状况，并带好相关的雨具或装备。其次，不要在低洼的地方或者干涸的河床上宿营。最后，要做好自己所处位置的观察与评估，并保证自己的通信畅通。另外，在户外遇到雷电时切忌站在空旷的地方或者高处，更不要站在树下，也不要在雷雨天拨打电话，应找地势较高，有大型岩石或者建筑物遮挡的地方进行躲避，并保持下蹲姿势。

#### 3. 山洪、泥石流

在山区，暴雨之后极易发生大规模的山洪和泥石流，因此户外活动不要在低洼处或山脚临近山体的地方宿营、逗留，应选择较高处而且地面结实无松动的地方进行活动。如遭遇山洪或者泥石流，要迅速往海拔高的地方躲避。

### 五、自然灾害的预防

#### （一）对台风进行一定的预防

（1）台风袭来时，应打开门窗，使室内外的气压得到平衡，以避免风力掀掉屋顶，吹倒墙壁。

（2）在室内，应该保护好头部，面向墙壁蹲下。

（3）在野外遇到台风，应迅速向台风前进的相反方向或者侧向移动躲避。

（4）台风已经到达眼前时，应在低洼地形处趴下，闭上口、眼，用双手、双臂保护头部，防止被飞来物砸伤。

（5）乘坐汽车遇到台风，应下车躲避，不要留在车内。

台风过后，各处布满污秽杂物，病菌容易繁殖，加之蚊蝇传播，所以容易有传染病流行，如痢疾、霍乱等。在台风过后，应立刻整理环境、清除污物、喷洒消毒药品，发现有传染病立即送往卫生机关隔离医治，以防蔓延。

#### （二）对洪涝进行一定的预防

洪涝灾害的防治工作包括两个方面：一方面是减少洪涝灾害发生的可能性，另一方面是尽可能使已发生的洪涝灾害的损失降到最低。建立防汛抢险的应急体系，是减轻灾害损失的最后措施。

（1）受到洪水威胁，如果时间充裕，应按照预定路线，有组织地向山坡、高地等处转移；在措手不及，已经受到洪水包围的情况下，要尽可能利用船只、木排、门板、木床等，做水上转移。

（2）洪水来得太快，已经来不及转移时，要立即爬上屋顶、楼房高屋、大树、高墙，做暂时避险，等待援救。不要独自游水转移。

（3）在山区，如果连降大雨，容易暴发山洪。遇到这种情况，应该避免渡河，以防止被山洪冲走，还要防止山体滑坡、滚石、泥石流的伤害。

（4）发现高压线铁塔倾倒、电线低垂或断折，要远离避险，不可触摸或接近，防止触电。

（5）洪水过后，要服用预防流行病的药物，做好卫生防疫工作，避免染上传染病。

#### （三）对地震进行一定的预防

地震是地壳快速释放能量过程中造成的振动，期间会产生地震波。地球上板块与板块之间相互挤压碰撞，造成板块边沿及板块内部产生错动和破裂，是引起地震的主要原因。

防震自救的小口诀：

（1）高层楼撤下，电梯不可搭。

（2）平房避震有讲究，是跑是留两可求，因地制宜做决断，错过时机诸事休。

（3）次生灾害危害大，需要尽量预防它，电源燃气是隐患，震时及时关上闸。

（4）强震颠簸站立难，就近躲避最明见，床下桌下小开间，伏而待定保安全。

（5）震时火灾易发生，伏在地上要镇静，沾湿毛巾口鼻捂，弯腰匍匐逆风行。

### （四）暴雨时的防护措施

（1）地势低洼的居民住宅区，可因地制宜采取"小包围"措施，如砌围墙、大门口放置挡水板、配置小型抽水泵等。

（2）不要将垃圾、杂物等丢入下水道，以防堵塞，造成暴雨时积水成灾。

（3）底层居民家中的电器插座、开关等应移装在离地 1 m 以上的安全地方。一旦室外积水漫进屋内，应及时切断电源，防止触电伤人。

（4）在积水中行走要注意观察。防止跌入窨井或坑、洞中。

（5）河道是城市中重要的排水通道，不准随意倾倒垃圾及废弃物，以防淤塞。

### （五）泥石流预防措施

怎样正确判断泥石流的发生？除根据当地降雨情况来估测泥石流暴发的可能性外，还可通过一些特有现象来判断泥石流的发生，以便采取快速、正确的自救方法。当发现河（沟）床中正常流水突然断流或洪水突然增大并夹有较多的柴草、树木，都可确认河（沟）上游已形成泥石流。仔细倾听是否有从深谷或沟内传来的类似火车轰鸣声或闷雷式的声音，如听到这种声音，哪怕极微弱也应认定泥石流正在形成，此时要迅速离开危险地段。沟谷深处变得昏暗并伴有轰鸣声或轻微的振动感，则说明沟谷上游已发生泥石流。

### （六）发生火灾时如何逃生

（1）浸湿衣物披裹身体，保持镇静，迅速判断危险地点和安全地点，尽快撤离。

（2）逃生时不可蜂拥而出或留恋财物。必须穿过火区时，应尽量用浸湿的衣物披裹身体，捂住口鼻，贴近地面。

（3）火灾发生后最大的威胁往往是浓烟，想办法以湿毛巾掩住口鼻，降低姿势，一路关闭所有背后的门，这能降低火和浓烟的蔓延速度。

（4）身上着火，千万别奔跑，可就地打滚，将身上的火苗压灭，或跳入就近的水池、水缸、小河等。

（5）身处楼上，寻找逃生路一般向下不向上。进入楼梯间后，确定楼下未着火时再向下逃生。

（6）楼梯或门口被大火封堵，楼层不高时，可利用布匹、床单、地毯、窗帘等制成绳索，通过窗口、阳台、下水管等滑下逃生。

（7）楼层高，其他出路被封堵，应退到室内，关闭通往着火区的门、窗。有条件的用湿布料、毛巾等封堵着火区方向的门窗,并用水不断地浇湿,同时靠近没有火的门窗呼救。晚上可用手电筒、白布摆动发出求救信号,决不可乘坐电梯,也不可贸然跳楼。

### (七) 如何抢救被雷击伤的人员

受雷击而烧伤或严重休克的人,其身体是不带电的,抢救时不要有顾虑。应该迅速扑灭他身上的火,实施紧急抢救。若伤者失去知觉,但有呼吸和心跳,则有可能自行恢复。应该让他舒展平卧,安静休息后再送医院治疗。若伤者已经停止呼吸和心跳,应迅速果断地交替进行口对口人工呼吸和心脏按压,并及时送往医院抢救。

### (八) 高温灾害的防御

(1) 安装空调、电扇,以改善室内的闷热环境。但不要长时间待在空调房内,以防止产生头疼头昏等所谓"空调病"。电扇不能直接对着头部或身体的某一部位长时间吹,以防身体局部受寒。

(2) 浑身大汗时,不宜立即用冷水洗澡,以防寒气侵入肌肤而患病。应先擦干汗水,稍事休息后再用温水洗澡。

(3) 汽车驾驶员要趁夜间气温低时休息好,保证睡眠时间,以防因疲劳引发交通事故。

(4) 高温天气宜吃咸食,多饮凉茶、绿豆汤等,以补充出汗失去的水分和盐分。适量进行体育锻炼,以增强人体的耐热功能,提高适应高温环境的能力。

(5) 室外劳动时应戴上草帽,穿浅色衣服,并且应备有饮用水和防暑药品,如感到头晕不舒服应立即停止劳动,到阴凉处休息。

### (九) 滑坡、崩塌后的应急自救

(1) 不要立即进入灾害区挖掘和搜寻财物。当滑坡、崩塌发生后,后山斜坡并未立即稳定下来,仍不时发生石崩、滑坍,甚至还会继续发生较大规模的滑坡、崩塌。

(2) 立即派人将灾情报告政府以便尽快展开救援。

(3) 查看是否还有滑坡、崩塌的危险,禁止进入划定的危险区。

(4) 注意收听广播、收看电视,了解近期是否还有发生暴雨的可能。收音机、手机等要节约使用,以延长使用时间。

### (十) 发生海啸时如何逃生

海啸与海底地震有关,可引发高达 30 m 的巨浪,会对沿海地带造成巨大破坏。感觉强烈地震或长时间的震动时,需要立即离开海岸,快速到高地等安全处避难。如果收到海啸警报,没有感觉到震动也需要立即离开海岸,快速到高地等安全处避难。通过收音机或电视机等掌握信息,在没有解除海啸注意或警报之前,勿靠近海岸。不是所有地震都会引起海啸,但任何一种地震都可能引发海啸。当感觉大地发生颤抖时,要抓紧时间尽快远离海滨,登上高处。

### （十一）雪灾防护措施

（1）汽车减速慢行，路人当心滑倒，出行要注意观察路面情况，摔倒时要尽力用手部和肘部撑地。

（2）老、幼、病、弱人群不要外出，注意防寒保暖。

（3）关好门窗，紧固室外搭建物。

（4）防止冻伤，注意雪盲症，保护好双眼。

（5）高空、水上等户外人员停止作业。

### （十二）大雾天气应急防护知识

（1）注意收听天气预报。

（2）尽量不要外出，必须外出时要戴口罩。

（3）不要在雾中进行体育锻炼，如跑步等。

### （十三）雷电灾害与防范

（1）雷电天气时，要留在室内，并关好门窗。

（2）不宜使用无防雷措施或防雷措施不足的电视机、音响等电器，不宜使用水龙头。

（3）雷雨时，切勿接触天线、水管、铁丝网、金属门窗、建筑物外墙，应远离电线等带电设备或其他类似金属装置。

（4）减少使用固定电话和手提电话。

（5）切勿游泳或从事其他水上运动，不宜进行室外球类运动，离开水面以及其他空旷场地，寻找地方躲避。

## 第五节　掌握疾病防控方法　促进身心健康发展

青少年正处在生长发育期，对环境的适应能力以及对某些致病微生物的免疫能力较差，容易感染某些常见病和传染病，如龋齿、肝炎、近视等。这会影响青少年的健康成长。因此，青少年掌握一些常见病及其防治的知识非常重要（图1-5-1）。

图1-5-1　掌握疾病防控方法，才能健康成长

## 一、近视眼的预防

近视眼是因眼球前后轴较长或是屈光系统的屈光力较强,使远处来的平行光线,经过眼的屈光作用后在视网膜前面聚焦成像,因而视网膜上的像是模糊不清的。

中职学生正处在长身体时期,由于学习的需要,长时间进行近距离用眼作业,同时由于教室采光照明不良,桌椅与身高不配套,不注意正确的读书写字姿势等,均可造成近视的发生和发展。由于近视发生、发展的因素十分复杂,因此,在预防工作中把重点放在合理安排生活,减轻学习负担,增强学生体质,改善学习方法和培养良好的用眼卫生习惯等方面。

### (一)注意用眼卫生

从小要培养良好的读书写字习惯,讲究用眼卫生。阅读书写时应用正确坐姿,脊柱保持正直,身体不前倾,不耸肩,不歪头,大腿水平两足着地,体位稳定。并使眼、书距离保持在 30～50 cm。阅读时应尽可能使书本与视线成直角。此时书本上的每一个字体笔画延伸到眼所形成的视角最大,字在视网膜上形成的影像最清晰。平时不要躺在床上看书,不要在行进的路上看书,不要在暗弱或强光下看书写字。同时,读写的持续时间不宜太长,一般 30～40 min 要休息片刻,学生在下课后要到教室外进行望远活动,并坚持做好眼保健操,以消除用眼疲劳,达到保护视力的目的。在连续看电视时,每小时应休息 5～10 min,与屏幕的距离一般为 3～5 m,室内要有一定的照明。

### (二)做好眼保健操

眼保健操是根据我国医学中推拿、气功和经络穴位的原理,结合医疗体育综合而成的一种自我按摩法,通过对眼部周围穴位的按摩,可增强眼窝内血液循环,改善神经营养,以达到缓解睫状肌的紧张或痉挛,消除眼疲劳的目的。

## 二、脊柱弯曲异常的预防

脊柱弯曲异常是学生中常见的一种姿势缺陷。它不仅影响人的姿势,妨碍内脏器官的正常功能,而且由于脊柱的弹性降低,在学习时易出现疲劳。脊柱弯曲异常包括脊柱侧弯,脊柱后凸(即驼背),脊柱前凸及直背等(图1-5-2)。

学生脊柱弯曲异常的原因:一方面是外力的作用,即不良习惯造成的,可以通过体育活动纠正不良姿势恢复正常。如果任其发展,脊柱肌肉的紧张度将明显不同,一侧肌肉萎缩,另一侧肌肉弯缩隆起,这就是固定性侧弯。另一方面是学生生长

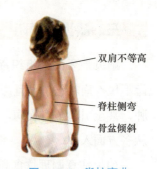

图 1-5-2 脊柱弯曲异常情况

发育迅速，体内钙的含量不能得到满足造成的。

钙是骨骼的重要组分，骨代谢与维持钙稳态密切相关。骨中的钙盐发挥维持骨骼结构的完整性和硬度，进而支撑人体的作用。

人一生中的骨代谢特点分为以下三个时期：

成年前骨骼处于骨的生长发育期（约20岁之前），钙摄入量大于排出量，称为钙正平衡，此时骨形成大于骨吸收，骨量持续增长。

成年期（20～40岁），为人生骨骼生长发育顶峰期，摄入钙和排出钙相当，钙代谢处于零平衡，骨形成等于骨吸收，骨量维持在骨峰值。

此后随着年龄的增长，钙吸收和摄入减少，骨吸收大于骨形成，钙排出增加，形成慢性负钙平衡，骨量开始丢失。女性绝经后迅速出现骨量丢失，男性50岁后开始出现骨量丢失，骨量丢失到一定程度后，骨折风险明显增加。

维生素D则主要促进肠钙吸收和肾小管对钙的重吸收，我国传统饮食中很少含有维生素D，因此适当的食品强化和补充维生素D显得尤其重要。

预防脊柱弯曲异常应注意以下几个方面：

### （一）坐、立、行姿势要端正

消除生活中导致单侧肌肉紧张的一些因素，如读书姿势不正，经常一侧携带较重的书包或劳动时持续地保持单一姿势等。

### （二）加强体育锻炼

认真上好体育课，多做单杠、双杠、平衡木、跳箱、吊环和垫上运动，并做好每天的早操和广播操，积极参加课外体育活动以达到预防的目的。

增加室外活动，多晒太阳，不要以皮肤白皙为美，冬季、春季要主动补充适量维生素D制剂。对于青少年脊柱侧弯者，除了骨科拍片等检查外，应考虑检查血清1.25—$(OH)_2D_3$和甲状旁腺激素水平，对于低于20 ng/ml者，尽早给予维生素D治疗，纠正维生素D缺乏，遏制脊柱侧弯的进展。

## 三、龋齿的预防

龋齿是牙齿硬组织逐渐遭到破坏的一种疾病，民间有："虫牙""蛀牙"的说法。龋齿不仅疼痛难忍，而且影响食欲、咀嚼消化、吸收和生长发育，还会导致牙髓炎、齿槽脓肿，甚至引起全身疾病，影响健康与体质。龋齿的发生与许多因素有关，因而预防龋齿应从多方面入手：

（1）注意调理饮食和营养，多吃黄豆和豆类制品，新鲜蔬菜水果，骨头汤、蛋黄和牛奶等，保证食物中钙、磷和维生素的含量，不挑食，不偏好精制米面和细粮。

（2）养成"早晚刷牙，饭后漱口"的良好习惯，睡前不吃糖果等零食。

（3）不用牙咬过于坚硬的东西（如核桃、啤酒瓶盖），避免牙齿受到磨损。经常吃一些比较粗硬的食物（如锅巴、炒蚕豆、软骨等）。吃时细细咀嚼，让牙齿、牙槽骨和颌骨得到适当的刺激和锻炼，使它们发育健全，增强抗龋能力。

（4）氟元素能够增加牙齿的硬度，增强牙齿的抗酸能力，并能抑制口腔里糖分的酵解，减少产酸酶的活动，对预防龋齿有帮助。如果采用含氟的水漱口，或使用含氟的牙膏刷牙，均能取得较好的防龋效果。

（5）每半年检查一次口腔，以便早期发现龋齿，及时填补治疗，预防疾病加深蔓延。治得越早，越容易治，效果也越好。发现有龋齿时，可用针灸、按摩、拔火罐或吃止痛药等方法，暂时减轻或止住疼痛，当龋齿引起牙痛到无法控制的程度，经过填补治，能达到消除疼痛，恢复功能的目的。其具体方法是用牙科电钻机除去龋洞内腐烂软化的牙质，消除龋洞，将其牙科材料填补进去，病变即中止，病症也随之消失。如果龋齿已发展成牙髓炎，单纯的填补不能解决问题时，应对牙髓进行治疗。一旦龋齿破坏到仅剩下残根时，就应当及时拔去。

## 四、病毒性肝炎的预防

病毒性肝炎（简称肝炎）是由多型肝炎病毒引起的肝炎疾病的总称。病毒性肝炎可分为甲、乙、丙、丁、戊五型肝炎，我国发病面广，危害严重。尤以甲型肝炎、乙型肝炎普遍。

肝炎的传播的环节如下：

（1）传染源。传染源主要为病人及病毒携带者。

（2）传播途径。甲型肝炎主要经过消化道传播。乙型肝炎主要通过注射途径和密切的日常生活接触而传播。

（3）易感人群。甲、乙两型均易感。病后均可产生免疫力（两型之间无交叉）。

患了肝炎后会出现如下症状：

甲、戊肝炎起病较急，常常伴有发热乏力、厌食、恶心和上下腹不适，随后部分病人出现黄疸，肝功能检查有异常。一般情况下，病人经过合理治疗和休息都能恢复健康。乙、丙、丁型肝炎一般起病缓慢，常常不知不觉起病、厌食、腹部不适、恶心、呕吐、有时还有关节疼和皮肤出疹子。有少数病人病程迁延不愈，反复发作，严重的可变成暴发性急性重型肝炎。

中小学生急性肝炎的症状与成人肝炎基本相同，都有胃口不好，没有力气，肝脾肿大等症状，所不同的是多数为甲型肝炎，愈后要比成人好，经过合理治疗和休息，很快就能恢复健康。

得了肝炎应及时住院隔离治疗，对疑似肝炎患者，应实行分室、分床或分被隔离。如果一时不能住院，需要留在家里休养，千万不要外出走亲访友，不上饭店吃饭，不上公共厕所大小便，不和健康人玩游戏。患者使用的食具、漱口杯、牙刷、毛巾、脸盆应实行专用，用后消毒。便器使用后要用3%漂白粉澄清液浸泡1 h后再用。患者换下的衣裤，如是棉织品应煮沸20 min或用0.5%过氧乙酸溶液消毒2 h，然后用清水过净。如果没有条件消毒的，至少要和健康人衣服分开洗，洗后放在太阳下曝晒一天，防止把疾病传染给别人。

预防病毒性肝炎的重点是抓好饮水、饮食卫生。养成不在公共饮食场所进餐、饮水和不使用公共餐具、茶具的习惯，使用公共餐具、茶具时，自己一定要清洗消毒，生吃瓜果要洗净去皮或用消毒液浸泡，饭前便后洗手也是预防病毒性肝炎既简便又有效的办法。

### 五、肥胖的预防和控制

肥胖是由于能量摄入超过消耗，导致体内脂肪积聚过多形成的。肥胖常常危害健康，导致一系列慢性疾病。肥胖的发生是由多种因素引起的，最根本的原因是高脂肪、高能量密度膳食引起的能量摄入的增加，以及静坐少动生活方式引起的能量消耗减少。

人的一生有3个易发生肥胖的阶段，分别是婴儿期、青春期和中年期。青春期人的身体脂肪含量和分布的变化对肥胖的影响非常大。青春期女孩的体脂含量从17%增加到24%，这一时期女孩身体脂肪比例的增加将对肥胖程度和肥胖的持续性产生显著影响。青春期男孩的身体脂肪比例虽然在减少，但是脂肪在腹壁或腹腔内的沉积增加了约5倍。所以，青春期男孩的肥胖更倾向于苹果形（肚子胖），女孩多为梨形（脂肪多堆积在臀部和大腿）（图1-5-3）。

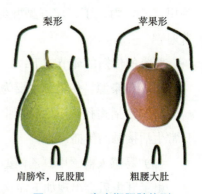

图1-5-3 青春期肥胖体型

#### （一）青少年肥胖的原因与危害

对于单纯性肥胖，遗传、能源物质摄入过多和体力活动减少是肥胖病发生的三大主要原因。

在经济落后年代，人们不可能过多地摄入营养物质，尽管也有肥胖基因的存在，但极少发生肥胖。因此，肥胖基因必须在有条件多吃的前提下才能产生作用。在经济条件明显改善的社会，物资供应丰富，生活水平提高，有肥胖基因的人就有可能发生肥胖。有资料显示,父母都是肥胖症患者,其子女发生肥胖症的概率很高。如果父母都是肥胖症患者,子女存在肥胖基因,只要注意合理饮食,控制热能物质的摄入,就不一定发生肥胖。需要指出的是,即使父母都是苗条的人,如果子女不注意合理营养,热能物质过度摄入也可能发生肥胖。因此,在早期对青少年生活习惯、膳食结构的干预非常重要。

### (二)小胖墩是吃出来的

快餐为多食创造了有利条件,多数快餐煎、炸、烘、烤的过程,色、香、味俱全,刺激食欲。其食用油的添加过量,食物中脂肪含量大大超标,对于缺乏自制力的青少年来说,很容易肥胖。

自助餐也是造成多食的重要原因,自助餐使许多自制力薄弱的成年人超标进食,更何况缺乏自制力的青少年(图 1-5-4)。

图 1-5-4 超标进食容易造成肥胖

简易食品为肥胖发生率的上升做出了重要贡献。现在零售商店的货架上堆满了简易食品,打着"非油炸食品""低热量食品"的旗号,其实都是热量很高的食品。

高糖饮料为学生热能摄入增加提供了便利条件。一瓶 380 ml 含糖量 20% 的饮料,热量在 300 kcal 以上,相当于 40 g 体脂的热量。如果青少年学生每天饮用一瓶这样的饮料,1 年的体脂堆积量可多达 10 kg。

### (三)静态久坐者是肥胖的易感人群

青少年自发的体育活动和有组织的体育锻炼的减少,也是肥胖发生率上升的原因之一。

学生学习负担沉重,缺少体育锻炼时间,这是造成学生体力活动大幅度下降的主要原因。电玩设备的快速发展影响了青少年参加体育活动的积极性,现代化通信设备的广泛应用大大增加了青少年沉迷网络虚拟世界的机会,有些学生把玩电子游戏当作一天生活中不可缺少的重要内容。于是,课余时间没有了体力活动,日常生活中本来应该消耗的能量都以脂肪的形式堆积在体内,形成肥胖,而且长时间的电子游戏使青少年的近视程度进一步加大。甚至有些一边玩电子设备一边吃零食,能量摄入增加,消耗减少,肥胖便接踵而至。

### (四)肥胖对青少年的健康危害

脂肪在体内的大量堆积,不仅在身体形态上表现为体型臃肿、体重过大、体力活动能力下降,更重要的是,肥胖严重损害青少年的身体健康。

肥胖青少年安静心率明显高于体重正常的同龄人,肥胖程度越高,安静心率也明显加快。重度肥胖青少年安静心率普遍在 100 次 / min 以上,同龄人一般在 100 次 / min 以内。

# 第一章　健康教育

除了肥胖青少年缺乏体育活动，肥胖增加了心血管系统的机能负荷外，很重要的原因是由于重度肥胖导致心脏周围脂肪量增多，甚至心包腔内也有脂肪填塞，大大妨碍了心脏的舒张能力，每搏输出量明显降低，引起心率加快。安静心率增快，定量负荷运动时心率增快更明显，使肥胖青少年运动能力大大低于正常同龄人。腹部脂肪的堆积使膈肌活动度降低，呼吸深度降低，肺通气量受限，呼吸频率加快。心肺功能受限使肥胖青少年稍有体力活动就感到呼吸困难，甚至难于承受强度稍大的运动，这造成肥胖青少年越肥胖越不爱运动，越不爱运动越肥胖的怪圈。

肥胖青少年睡眠时常发生呼吸暂停现象，咽喉部黏膜下脂肪堆积和组织松弛使呼吸道狭窄，膈肌活动度下降引起的浅快呼吸常造成肺通气和肺换气不足，缺氧和二氧化碳滞留明显。因此，肥胖儿童青少年的睡眠质量不及正常同龄人，晨起时常感到昏昏沉沉，精神不振。

有研究表明，经过两周的有氧运动减肥后，肥胖青少年的安静心率就可以明显下降。这种安静心率的下降不可能是由于运动导致心肌形态和结构的改变所引起。经过双能X线扫描发现，两周的运动减肥首先减少了内脏周围的脂肪堆积，心脏周围脂肪量的减少提高了心室舒张期的充盈量，增加每搏输出量而使安静心率减慢。

肥胖青少年普遍存在血脂代谢异常，中度以上的肥胖青少年几乎都有高脂血症存在。血液中甘油三酯含量增高，极易发生脂肪肝。此外，中度以上的肥胖青少年多数存在空腹血胰岛素升高，提示已经存在胰岛素抵抗或胰岛素抵抗倾向，少数重度肥胖儿童与青少年已经确定为Ⅱ型糖尿病。青少年肥胖发生率的上升，成为代谢综合征发病年龄大大提前的重要因素。

肥胖之所以损害青少年的健康，是因为体内脂肪不仅是储能器官，同时也具有重要的内分泌功能，瘦素、脂联素、肿瘤坏死因子、白介素-6、C-反应蛋白等活性物质在控制食欲、糖脂代谢、胰岛素抵抗、动脉粥样硬化等发生发展过程中发挥着重要作用。

脂肪细胞也可以分泌性激素，尽管性激素主要由性腺分泌，尽管脂肪细胞所能分泌的性激素占人体性激素总量的比例很低，但对于异性，即使异性激素水平略有上升，便可产生非常严重的问题，如男孩体内雌性激素水平上升，便可引起男孩第二性征发育延迟和发育不良，肥胖男孩乳腺发育也是困扰家长的头痛问题。对于女孩，雄性激素水平上升和雌激素水平异常常使月经初潮推迟、周期长期不规则，重度以上的肥胖女孩易患多囊卵巢综合征。

与肥胖伴行的一系列病理变化和肥胖程度与肥胖发生的持续时间有关，与成年人比较，青少年肥胖发生时间较短，即使肥胖程度较高，一系列的病理变化仍然是可逆的。减少肥胖对儿童与青少年健康的损害，早期综合干预，及早纠正不合理的生活方式，降低肥胖程度是最有效的措施。

需要指出的是，如果青少年时期的肥胖问题没有得到及时纠正，持续的代谢紊乱不能得到及时改善，就会提高成年后许多慢性疾病的发病概率及疾病严重程度。其实，肥胖青少年本身就已经是一个慢性疾病患者（图1-5-5）。

图1-5-5　青少年时期就要纠正肥胖问题

### （五）青少年运动减肥的热门话题

**1. 欲速而不达——减肥速度的控制**

不同肥胖程度的青少年由于基础体重不同，单位时期内（周、月）减少的体重绝对值不同。因此，一般不用体重减少的绝对值作为减肥速度的指标，而采用体重减少的百分比作为减肥速度的指标。运动减肥的减肥速度宜控制在4周降低体重5%～7%（女性）和6%～8%（男性）范围内。重度以上肥胖青少年减肥速度达到4周降低体重8%～10%（女性）和10%～12%（男性）仍是安全的。

减肥速度不宜过快，一是需要增加运动量，尤其是延长运动时间，可能产生运动性疲劳，反而不利于运动减肥的继续进行；二是减肥速度过快，可能产生新的代谢紊乱，不利于健康促进。一些减肥心切的肥胖青少年盲目增加运动量，增加运动强度，延长运动时间，其结果往往无法坚持而半途而废。

随着运动减肥持续时间的延长，体重不断下降，运动减肥的速度也逐渐减慢。如果把4周作为一个运动减肥时间单元，第二个时间单元的减肥速度会低于第一个时间单元，如第一个时间单元女性青少年减少的体重可达基础体重的6%，而第二个减肥时间单元减少的体重是第二个时间单元开始时的4%～5%，肥胖青少年减肥过程中越是接近正常体重，减肥速度越慢，直至达到正常体重。

实际上，运动减肥在减少体脂的同时骨骼肌重量可能有所增加，因此，采用体脂百分比下降的速度评价减肥速度比较科学。过分的体重降低对健康不利，因此不主张女性体脂百分比低于12%，男性体脂百分比低于8%。尤其对于有些丰满但不属于超重和肥胖的青少年尤其是女青少年，千万不要盲目减肥，不要采用不科学的方法盲目减肥。

### 2. 减肥速度不理想的原因

采用运动减肥方式的理想减肥速度一般控制在每月降低不低于体重的5%（女性）和7%（男性）。如果减肥速度过于缓慢，要认真分析原因。

运动强度是影响运动减肥效果的重要因素。运动减肥对运动强度的要求十分严格。过大的运动强度不利于脂肪的消耗，糖原的大量消耗使运动后的血糖水平明显波动，产生明显的饥饿感，食欲明显增加。结果运动中脂肪消耗减少，运动后进食量增加，往往产生越运动越肥胖的现象。

一次运动持续时间不足也是影响运动减肥效果的重要因素。一次有氧运动时间短于30 min，不可能有很好的减肥效果。一次运动减肥持续时间至少在1 h以上，才可能产生较好的减肥效果。当然，发生肥胖的重要原因是由于热能物质的过多摄入，如果进行运动减肥的同时没有适当控制热能物质的摄入量，错误地认为运动后可以大吃大喝，显然不会有好的减肥效果。

### 3. "体重平台期"的怪现象也就是通常所说的减肥停滞期生产的原因

这就是当人们为了控制体重而减少热量摄入，一段时间后，身体就会产生适应现象，将所摄取的食物热量尽量吸收并作最有效的利用，同时降低身体的基础代谢水平、减少能量消耗，于是热量摄入与消耗又达到一个新的平衡状态，体重就不再下降，最终出现所谓的"体重平台期"。实际上，这里体现的是一个生理意义上的"刺激–适应"过程，这种适应情况也因人而异，只要找到问题的所在及解决问题的合适方法，完全可以规避所谓的"体重平台期"。

### 体验与思考

是否能够局部运动减肥？

### 知识拓展：控制热量摄入是不是饿肚子？

运动减肥需要配合饮食控制，控制热量的摄入，增加能量消耗，使能量处于负平衡，促进体脂分解，从而减轻体重。明确的是，控制热量摄入并不是一直处于饿肚子的状态。饮食控制原则为在控制总能量摄入的前提下做到平衡膳食，每餐的膳食需由多种食物组成，其质和量应能满足就餐者的生活需要，食物相互合理搭配，提供各种比例适

## 第五节 掌握疾病防控方法 促进身心健康发展

宜的营养素,满足人体对热能和各种营养素的需要。在食物的选择上来说,应该减少热量高而营养价值少的食品的摄入,吃饭宜七八分饱,控制零食的摄入,切忌大吃大喝。控制热量摄入不是简单的节食。

### 六、职业多发病的预防与康复

每种职业有其固定的工作环境和工作方式,长期在特定的环境作用下,如果不注意职业防护,人体极有可能产生职业性损伤和职业性疾病。为了维护职业健康,应充分了解职业的特点,学习常见职业性疾病的预防和康复的方法,同时加强针对性的锻炼,从而远离职业性疾病。

职业性疾病是一类人为的疾病,不能完全等同于职业病。职业病是与职业因素有直接因果关系的疾病,被法律认可并收入我国的《法定职业病目录》。职业性疾病与职业有一定关系,但其影响因素往往不是单一存在的,而是由人体、环境、职业等多种因素综合作用的结果,如常见的鼠标手、颈椎病、腰肌劳损等(图1-5-6)。

图 1-5-6 职业病影响因素

**知识拓展:** 职业性疾病不同于职业病

职业性疾病与职业病不同,其发病分布广、病情相对较轻,在日常生活中加强自我防范可以有效预防,而职业病则受法律保护,患者可以依法获得企业工伤保险、卫生保护和医疗救助。

《中华人民共和国职业病防治法》规定,职业病是指企业、事业单位和个体经济组织在劳动者职业活动中,因接触粉尘、放射性物质和其他有毒、有害物质等因素而引起的疾病。职业病的诊断,一般由卫生行政部门授权,在具有相应资质的单位进行。目前法定职业病共10类,包括:尘肺、职业性放射性疾病、职业性化学中毒、物理因素所致职业病、职业性皮肤病、职业性眼病、职业性耳鼻喉口腔疾病、职业性肿瘤、其他职业病。各国法律都有对职业病预防方面的规定,一般来说,符合法律规定的疾病才能判定为职业病。

### （一）久坐型职业多发病的预防与康复

久坐型职业多是以静坐为主，长时间保持坐姿、伏案、低头含胸，身体得不到足够的活动，容易引起颈椎骨关节黏液减少而变得僵硬，影响颈椎对头部的供血，导致颈部关节灵活性下降，甚至影响颈椎正常的生理弯曲，引发颈椎病。计算机、会计等职业因长时间敲击键盘，重复单一动作，部分神经、肌肉组织呈紧张状态，导致摄入的食物聚集在胃肠，消化系统负荷加重，引发胃肠系统功能紊乱及病变。预防久坐型职业多发病应做到以下几点：

**1. 每周保持一定的运动量**

根据自身实际情况，每周进行3～5次有氧或力量练习。

**2. 打破静坐，适时站立放松**

静坐1 h左右站起来伸伸腰、转转颈脖、活动活动腿踝、眺望远方缓解眼睛疲劳，用适当的力度拍打腰背部，放松一下再投入工作。

**3. 多饮茶、多吃水果**

茶叶中含有茶碱等多种对人体有益的物质，可以明目提神。水果中含有大量的维生素和微量元素，可以保护皮肤，对防止电子产品的辐射有一定作用。

### （二）久站型职业多发病的预防与康复

久站型职业由于长时间站立，在重力作用下，下肢血液不易回流，会引起静脉回流受阻。肌肉节律性收缩对于其间的静脉血管起着挤压的作用，使血液循环沿静脉瓣的开启方向回流至心脏。长时间站立工作，由于下肢肌肉始终处于紧张状态，肌肉的收缩和舒张交替减少，下肢静脉血不易流回心脏，从而导致静脉曲张、脚背浮肿等现象。

站立时，腿部、腰背部和臀部肌肉保持了较高的紧张性，更多的肌纤维募集参与静力性工作，因此久站型职业对下肢力量、腰部力量、耐力素质以及血液循环系统要求较高。

预防久站型职业多发病应做到以下几点：

**1. 加强腿部肌肉力量和耐力，促进下肢血液循环**

如下蹲起、踢腿、健步走、慢跑、太极拳及按摩等方式消除下肢肌肉紧张，改善髋骨、腰肌劳损以及驼背、塌腰、屈膝等不良体型。

**2. 到较好的环境中放松身心状态**

工作环境中或存在高温高湿、噪声、无通气换风、照明效果不好等不利于身体健康的因素，适时到空气清新的环境中透透气，调节放松身心。

### （三）经久高度注意力型职业多发病的预防与康复

经久高度注意力型职业如地铁安检员、公共交通驾驶员等，因工作必须高度集中，容易造成精神压力过大、神经紧张、情绪烦躁、人际关系不和谐，并因此引发头昏眼花、手脚麻木等不适症状，易患高血压、冠心病、慢性眩晕等心脑血管疾病。

预防经久高度注意力型职业多发病应做到以下几点：

**1. 运动调节**

集中注意力工作 1 h 左右，可以暂时停止手中的工作，通过工间操、转腰扭髋、伸展脊柱、按摩放松肌肉等运动，消除局部疲劳。

**2. 思维调节**

适时放下工作，听听舒缓的音乐，看看绿植和花朵或者做点与工作不相干的事情换换脑子，想点与工作无关的事让自己从工作中跳出来，身心得到真正的放松。

**3. 休假调节**

如果是因为工作太久缺少休息，应赶快休假，劳逸结合才能更好地工作。

**4. 交流调节**

工作间隙多与同事、朋友聊聊天，可以是工作上的，也可以闲聊，在交流沟通中把自己的紧张情绪释放出来，同时，与人谈话也可以获得快乐和轻松。

# 第六节　制定科学运动处方　助力科学健身行为

## 一、运动处方的概念

运动处方的概念最早是由美国生理学家卡波维奇在20世纪50年代提出的，1969年世界卫生组织开始使用运动处方术语，从而在国际上得到认可。运动处方是从事体育锻炼者或患者，根据医学检查资料（包括运动试验和体力测验），按其健康、体力以及心血管功能状况，用处方的形式规定运动种类、运动强度、运动时间及运动频率，提出运动中的注意事项。运动处方是指导人们有目的、有计划和科学锻炼的一种方法（图1-6-1）。

图1-6-1　运动处方

运动处方一般分成以下三类：

### （一）健身运动处方

健康人进行运动处方锻炼，以增强体质、提高健康水平为目的。

### （二）竞技运动处方

专业运动员进行运动处方训练，以提高专业运动成绩为目的。

### （三）康复运动处方

患者应用运动处方以治疗和康复为目的。

作为学生，主要学习和了解的是健身运动处方，同时对康复性运动处方也需要有一定的关注，以便通过运动处方对在职业中遇到的职业病进行预防和康复性锻炼。

## 二、运动处方的基本要素

运动处方的基本要素包括运动种类、运动强度、运动时间、运动频率、运动进度及注意事项等。

### （一）运动种类

第一类：有氧耐力运动项目。其包括步行、慢跑、速度游戏、乒乓球、羽毛球、游泳、骑自行车、滑冰、划船、跳绳、网球运动等。

第二类：伸展运动及健身操。其包括广播体操、气功、武术、舞蹈等各类医疗体操和矫正体操等。

第三类：力量性运动。以恢复肌肉力量、肢体活动功能为主，包括增强肌肉力量，调整肌力平衡，改善躯干和肢体的形态和功能的各种练习。如水中运动，抗阻运动等（图1-6-2）。

### （二）运动强度

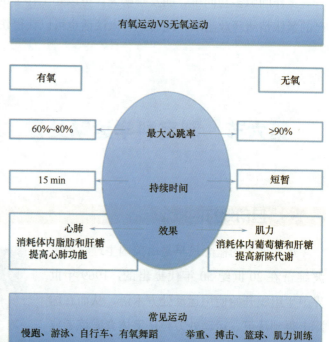

图1-6-2 有氧运动和无氧运动的比较

运动强度是指单位时间内的运动量，是运动处方的核心，也是设计运动处方中最困难的部分，需要有适当的监测来确定运动强度是否适宜。运动强度可根据最大吸氧量的百分数、代谢当量、心率、自觉疲劳程度等来确定。

$$运动强度 = 运动量 / 运动时间$$

## 第六节 制定科学运动处方 助力科学健身行为

### 1. 靶心率

在运动处方中,心率与运动强度之间存在着线性关系。一般达到最大运动强度时的心率称为最大心率,达到最大心率的 60%～70% 时的心率称为"靶心率"或称为"运动中的适宜心率",这时的运动心率能获得最佳效果并能确保安全,用靶心率控制运动强度是简便易行的方法,具体推算的方法如下:

以最大心率的 65%～85% 为靶心率

靶心率 =(220 - 年龄)× 65%(或 85%)

年龄在 50 岁以上,有慢性病史的,可用:靶心率 = 170 - 年龄。经常参加体育锻炼的人可用:靶心率 = 180 - 年龄。例如,年龄为 40 岁的健康人,其最大运动心率:220 - 40 = 180 次 /min,适宜运动心率:下限为 180×65% = 117 次 /min,上限为 180×85% = 153 次 /min,即锻炼时心率在 117～153 次 /min,表明运动强度适宜。

### 2. 主观运动强度(RPE)判定法

RPE 译为主观用力评分法,是瑞典科学家加纳·博格(Gunner Borg)于 1962 年提出的,称为主观运动强度判断表,它是利用运动中的自我感觉来判定运动强度。在该表 6～20 的 15 个点上各有不同的运动感觉特征,这 15 个运动感觉特征都具有相应的分值,如果各点乘以 10 倍以后,常与达到该点的心率、运动强度大体上一致。运动者的运动感觉得分在 12～15 分,说明运动强度是合理的,中老年人也应达到 11～13 分。这种判定法按运动种类及对运动的熟练程度而有所不同,对习惯于运动的人可靠性较高。主观运动强度判断表,见表 1-6-1。

表 1-6-1 主观运动强度判断表

| 运动感觉 | 等级 | 相对强度 /% | 相应心率 |
| --- | --- | --- | --- |
| 安静 | 6 | 0 | |
| 非常轻松 | 7 | 7.1 | 70 |
| | 8 | 14.3 | |
| 很轻松 | 9 | 21.4 | 90 |
| | 10 | 28.6 | |
| | 11 | 35.7 | 110 |
| | 12 | 42.9 | |
| 稍费力 | 13 | 50 | 130 |
| | 14 | 57.5 | |
| 费力 | 15 | 64.3 | 150 |
| | 16 | 71.5 | |
| 很费力 | 17 | 78.6 | 170 |
| | 18 | 85.8 | |
| 非常费力 | 19 | 90 | 190 |
| | 20 | 100 | 200 |

## （三）运动时间

运动处方中的运动时间是指每次持续运动的时间。每次运动的持续时间为 15～60 min，其中达到适宜心率的时间须在 15 min 以上。在计算间歇性运动的持续时间时，应扣除间歇时间。间歇运动的运动密度应视体力而定，体力差者运动密度应低些，体力好者运动密度可高些。

运动量由运动强度和运动时间决定（运动量＝运动强度×运动时间），在运动处方中，运动的形式、强度和时间可以有多种变化，在总运动量确定时，运动强度较小则运动时间较长。年轻及体力较好者可由较高的运动强度开始锻炼，老年及体力较弱者由较低的运动强度开始锻炼。运动量由小到大，增加运动量时，先延长运动时间，再提高运动强度。在某些场合采用低强度较长时间的运动较为有效，如肥胖者的减肥运动；反之，在另外一些场合采用短时间高强度的运动较为有效，如训练肌肉力量。

## （四）运动频率

运动频率指每周的锻炼次数。当每周锻炼多于 3 次时，最大吸氧量（$VO_2max$）增加逐渐趋于平缓；当锻炼次数增加到 5 次以上时，$VO_2max$ 的提高就很小；而每周锻炼少于两次时，通常不引起改变。每周锻炼 3～4 次是最适宜的频率。但由于运动效应的蓄积作用，间隔不宜超过 3 d。作为一般健身保健者，坚持每天锻炼一次当然更好，但前提条件是次日不残留疲劳，关键是运动习惯性或运动生活化，即各人可选择适合自己情况的锻炼次数，但每周最低不能少于两次。运动消耗热量表如图 1-6-3 所示。

| 60 分钟各项运动消耗热量表 /kcal | | | |
|---|---|---|---|
| 逛街 | 110 | 游泳 | 1 036 |
| 骑车 | 184 | 泡澡 | 168 |
| 开车 | 82 | 熨衣服 | 168 |
| 打网球 | 352 | 洗碗 | 120 |
| 看电影 | 66 | 爬楼梯 | 480 |
| 遛狗 | 130 | 洗衣服 | 114 |
| 郊游 | 20 | 打扫 | 228 |
| 打拳 | 450 | 跳绳 | 448 |
| 跳舞 | 300 | 慢走 | 225 |
| 高尔夫 | 186 | 快走 | 555 |
| 快跑 | 655 | 打桌球 | 300 |
| 慢跑 | 700 | 骑马 | 276 |
| 滑雪 | 354 | 健美操 | 300 |
| 武术 | 790 | 仰卧起坐 | 432 |

图 1-6-3　动消耗热量表

## （五）运动进度

在一般情况下，运动训练造成体能上的进展可分为三个阶段：初级阶段、进展阶段和保持阶段。根据运动处方进行运动的人，经过一段时间的练习后，心肺功能有所改善。需要根据个人的进度而修改运动处方，在运动强度和运动时间方面逐渐加强。

**1. 初级阶段**

指刚开始实行定时及有规律的运动，这时候肌肉在未适应运动就接受高度训练很容易造成受伤，因此不适宜进行长时间、多次数和强度大的运动，适宜采取强度较低、时间较短和次数较少的运动处方。例如选择以缓步跑作为练习的人，应该以每小时 4 公里的速度进行，而时间和次数则根据自己的体能而调节，不过每次的运动时间不应少于 15 min。

**2. 进展阶段**

指经过初级阶段的运动练习后，心肺功能已有明显的改善，而改善的进度则因人而异。在这个阶段，一般人的运动强度都可以达到最大摄氧量的 40%～85%，运动时间应该在每 2～3 周加长一些。这个阶段是体适能改善的明显期，一般长达 4～5 个月时间。

**3. 保持阶段**

在训练计划大约进行了 6 个月之后出现。在这个阶段，训练者的心肺功能已达到满意的水平，只要保持这个阶段的训练，就可以确保体魄强健。这时，就可以考虑将较为刻板沉闷的运动训练改为一些有趣味的运动，以继续保持运动的乐趣。

### （六）注意事项

**1. 耐力性（有氧）运动的注意事项**

（1）应有针对性地提出运动禁忌证或不宜进行运动的指征，同时应提出应该立即停止运动的指征，如心脏病人在运动中出现以下指征时应停止运动：运动时上上身不适，运动中无力、头晕、气短，运动中或运动后关节疼痛或背痛等。

（2）对运动量的监控要提出具体的要求，以保证运动处方的有效和安全。

（3）要求做充分的准备活动。

（4）在运动前、中或后，可适当增加饮食，以避免出现低血糖等。

**2. 力量性运动的注意事项**

（1）力量练习不应引起明显疼痛。

（2）力量练习前、后应做充分的准备活动及放松整理活动。

（3）运动时保持正确的身体姿势。

（4）必要时给予保护和帮助。

（5）有轻度高血压、冠心病或其他心血管系统疾病的患者，应慎做力量练习，有较严重的心血管系统疾病的患者忌做力量练习。

（6）经常检修器械、设备，确保安全。

## 三、运动处方的设计原则

### （一）要从实际出发，因人而定

运动处方要根据实际情况，因人而异。只有针对各人的特点和需要，才能更好地发挥运动处方的作用，达到运动处方的实施目的。例如，年龄大、体质弱者，就要采用较温和、较简单的运动处方。而年龄小、不太爱好运动的人则要采用游戏性较强的运动处方。

### （二）要循序渐进，增加信心

初次参加运动的人，运动的时间要从短到长，运动强度从弱到强，运动量要从小到大，动作难度要从易到难。这样身体才能逐步适应，不至于运动得太勉强，对身体形成伤害，以便增加运动的信心。

### （三）要持之以恒，日久见长

身体的增强，体质的改善，是一个较长的过程，要做好这种心理和身体的准备。持之以恒，磨炼意志，坚持运动才能取得想要的成果。如果怕苦怕累，"三天打鱼，两天晒网"，是达不到健身目的的（图1-6-4）。

图1-6-4　运动处方设计

## 四、制定运动处方

运动处方的制定程序包括了解基本情况、临床检查和功能检查、运动试验及体力测验、制定运动处方、实施运动处方、运动中的医务监督、运动处方的修订（图1-6-5）。

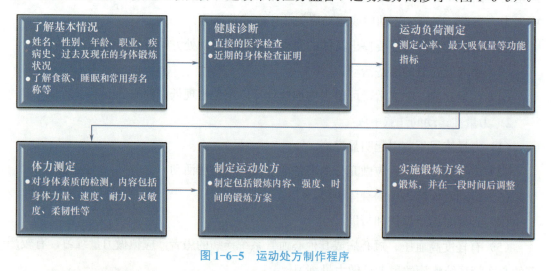

图1-6-5　运动处方制作程序

（1）了解基本情况。了解基本情况包括姓名、性别、年龄、职业、疾病史、过去及现在的身体锻炼状况；此外，还应了解食欲、睡眠和常用药名称等。

（2）健康诊断。健康诊断是对健康程度的判断，是制定运动处方的重要依据之一。可采用直接的医学检查，也可以是近期的身体检查证明。

（3）运动负荷测定。运动负荷测定是身体功能对运动承受能力的检测和评定，一般检测安静和运动状态下的生理功能，主要测定心率、最大吸氧量等功能指标。

（4）体力测定。体力测定主要是对身体素质的检测，内容包括身体力量、速度、耐力、灵敏度、柔韧性等。为便于评价，可将测试指标与较大样本的同项指标对比，确定该项素质的优劣程度。

（5）制定运动处方。根据以上 4 项调查和检测结果以及身体锻炼的原则、规律，制定包括锻炼内容、强度、时间等在内的锻炼方案。

（6）实施锻炼方案。按运动处方的要求锻炼一个阶段后，应再次进行健康检查、运动负荷测定和体力测定，这样一方面可以评定运动处方测定实效和锻炼效果，另一方面也可根据身体的变化，修改和调整新的运动处方，使处方更具有针对性和实效性。

## 五、运动处方实例

### （一）肥胖者运动处方（图 1-6-6）

**1. 锻炼目的**

一是减轻体重，防止肥胖；二是保持和增强体力，预防肥胖并发症。

**2. 运动项目**

耐力运动，如长距离步行、跑步、骑自行车、游泳等。

**3. 运动强度**

60% ～ 70% HRmax（最大心率），相当于 50% ～ 60% $VO_2max$，或心率掌握在 120 ～ 135 次 /min 范围内。

**4. 锻炼方法**

（1）准备活动 5 min，可做腰、腿、髋关节轻微活动。

图 1-6-6　肥胖者运动处方

（2）慢走与快走交替 20 min，如步行以慢—快—慢相结合；用 10 min 走完 1 200 m，速度 2 步 /s，再用 10 min 走完 1 300 m；也可以慢跑 20 min。

（3）基础体力练习 15 min，仰卧起坐 20 个（手抱头或不抱头均可），俯卧撑 20 个 ×2 组，俯卧抬起上体 20 个，提踵 50 次，蹲跳起 20 次。

（4）放松整理活动 5 min，做放松操，调整呼吸。

（5）以上全部内容锻炼 45 min，共消耗热量约 1 300 kJ（315 kcal），此热量相当于 95 g 米饭，或 3 个煎鸡蛋。

（6）运动时间和频率。每次 40 ～ 50 min，每周 3 ～ 4 次。

第一章　健康教育

（7）注意事项。一是锻炼时感觉轻松或过于吃力时，可稍微调节内容和次数；二是以锻炼后第二天不感到疲劳为宜，可每周适当增加运动量；三是严寒、酷暑或身体不适时应停止锻炼，不可蛮干；四是科学进餐，平衡营养。

### （二）个人处方模版

个人处方模板见表 1-6-2。

表 1-6-2　个人处方模板

| 姓名 | ×××××× |
|---|---|
| 性别 | 女 |
| 年龄 | 20 |
| 职业 | 学生 |
| 体育爱好 | 乒乓球、瑜伽 |
| 健康检查 | 良好，身高 1.60 m，体重 65 kg，体质中度超重，病史无特殊 |
| 运动负荷测定 | 台阶实验，安静脉搏 79 次/min，血压 75/100 mmHg，肺活量 2 800 ml |
| 体能测定 | 力量－仰卧起坐 25 个/min，耐力 800 m，5'05" |
| 体质评定 | 健康状况，良；体重过重，心肺功能稍差 |
| 运动目的 | 减肥和健身 |
| 运动项目 | 乒乓球、健身跑、健美操、瑜伽、养生气功等 |
| 运动强度 | 由小逐渐加大，心率在靶心率范围，即 140～170 次/min |
| 运动时间 | 12 周（减少体重 3～4 kg），每次 40～60 min |
| 运动频度 | 4～5 次/周 |
| 注意事项 | 适当控制饮食、减少油脂、糖的摄入，可吃一定的蔬菜、水果，运动后相对控制摄入量，有病发烧应停止运动 |
| 自我监督 | 心率 |
| 处方者 | 年　月　日 |

### 体验与思考

制定自己的运动处方，并进行实践。

# 第二章 体 能

## 第一节 体能概述

体能是通过力量、速度、耐力、协调、柔韧、灵敏等运动素质表现出来的人体基本的运动能力。体能分类从不同角度有不同分类方法，如从中等职业学校的特点就可以分为职业体能和非职业体能，这里只介绍非职业体能，可以从健康体能和运动体能两方面来了解和学习。健康体能的训练突出健康的功能，因此其训练的负荷界定于有益于健康的范围内，练习的方法也较简单易行。本章主要介绍力量、柔韧性及心肺耐力的训练原则、方法和常用手段及其注意事项和简单易行的评价。

体能锻炼原则是体育锻炼客观规律的反映，也是参与者安排锻炼计划、选择锻炼内容、运用锻炼方法必须遵循的基本准则。体能锻炼可分为以下五项原则：

### 一、自觉性原则

自觉性原则指体育锻炼者要有明确的健身目标，充分认识体育锻炼的价值，自觉积极地从事体育锻炼活动。体育锻炼是一个自我锻炼、自我完善，并需要克服自身的惰性，战胜各种困难的过程。同时，还要有良好的作息制度作保证，真正把体育锻炼当作生活中不可缺少的一部分，才能见到效果。

### 二、实效性原则

实效性原则是指选择练习内容、方法和安排运动负荷时，应根据个人的性别、年龄、职业、健康状况，对锻炼身体的爱好、要求和原有的基础，以及生活条件等实际情况来确定，遵照科学方法进行练习，才能取得最佳的练习效果。

## 三、坚持不懈、持之以恒原则

坚持不懈、持之以恒原则是指体育锻炼必须经常进行练习，争取成为日常生活中的重要内容或生活习惯。加强体育锻炼对身体各机体给予刺激，每次刺激都产生一定的锻炼效果，这样的连续不断地练习积累，体质才会不断增强，动作技能形成的条件反射也会不断得到强化。因此，体育锻炼贵在坚持，运动锻炼不会在短时间内取得较好效果，必须做到坚持不懈、持之以恒的积累。

## 四、全面性原则

全面性原则是指体育锻炼必须追求身心全面和谐发展，使身体形态、机能、身体素质及心理素质等方面得到全面协调的发展。人体是由各局部构成的一个整体，各局部均按"用进废退"的规律发展，体育锻炼能促进新陈代谢，使身体各系统、组织、器官和谐发展，达到身体相对的完善和完美。

## 五、循序渐进原则

循序渐进原则是指体育锻炼必须遵循人体自然发展、机体适应的基本规律，从不同的主客观实际出发，合理安排运动负荷，在渐进的基础上提高锻炼水平。在体育锻炼过程中，运动负荷的大小直接影响人体机能的变化，负荷是否适宜，对锻炼效果的好差起很大的作用。运动负荷的大小因人、因时而异。即便是同一个人，在不同的机能状态、不同的时间，人体对负荷的承受能力也不尽相同。因此，进行体育锻炼时应循序渐进，随时调整运动负荷，逐步提高锻炼水平。

**知识窗：**

生命在于运动，我们都要注重体育锻炼，加强身体的素质，提高免疫力，对健康是很重要的。不管是短期锻炼还是长期锻炼，都应该有一个明确的计划和目标，锻炼要讲究正确的方法。锻炼前做好热身，锻炼后做好拉伸运动便于身体恢复。累了就休息，不要硬着头皮坚持，感到身体不适，就应该立即停止，强行坚持下去，问题只会越来越严重。锻炼难免会有受伤，多了解预防伤害和处理伤害的相关知识。

：坚持健康的体能锻炼好处在哪里？

1. 坚持有氧运动，如登山、骑行、慢跑等。运动身体的大肌肉群，使心脏持续加速跳动几分钟。通过一次次的有氧运动，氧气被输送到肌肉。心脏变得更加强壮，提高做事效率，不易感到疲劳或气喘吁吁。

2. 坚持锻炼能使肌肉更加强健，能给予关节更好的支撑保护，不易受伤。加强以下锻炼方式能增强胳膊和腿部的肌肉：跑步、跳绳、游泳、骑行等。

3. 坚持锻炼能保持身体的柔韧性，提高身体的灵活性、敏捷性。坚持锻炼能提高自信心和荣誉感。

# 第二节　强壮肌肉之力量素质

## 一、力量素质的概念

力量素质是指人的机体或机体的某一部分肌肉工作收缩和舒张时克服内外阻力的能力，是人体进行体育运动的基本素质之一，是获得运动技能和取得优异运动成绩的基础，同时也是其他身体素质发展的重要因素。

## 二、发展力量素质的练习方法

发展力量素质的本质在于发展肌肉力量。运动锻炼实践中，有多种多样发展肌肉力量的方法，这些具体的练习形式是形成力量训练方法的基础。按动力学特征分类，力量素质练习的方法分为动力性力量练习法、静力性练习法及电刺激练习法等。只有熟悉、掌握这些方法、手段，并且能结合实际及个体差异有针对性地、合理地运用，才能获得事半功倍的效果。

### （一）传统力量素质的练习方法

传统力量训练最主要的特点是在训练的过程中身体重心处于相对稳定的状态，练习强度稍大，力量占主导地位。

**1. 俯卧撑**

动作方法：俯身向前，手掌撑地；手指向前，两臂伸直；两手撑距与肩同宽；两腿向后伸直，两脚并拢脚尖着地。两臂屈肘向下至背低于肘关节，接着两臂撑起伸直成原来姿势。

练习要求：身体保持平直，不能塌腰成"凹"形，也不可拱臂成"凸"形。重复练习，能发展三角肌的前部、胸大肌以及肱三头肌等上肢力量（图2-2-1至图2-2-3）。

图2-2-1 躯干完笔直　　图2-2-2 屈臂降低身体　　图2-2-3 恢复原来姿势

拓展练习：提高练习难度和效果，拓展练习方法（图2-2-4至图2-2-6）。

（1）手指撑，连续做俯卧撑动作。

（2）夹肘屈臂撑，连续做俯卧撑动作。

（3）一腿抬起，另一腿着地，连续做俯卧撑动作。

（4）两脚放在垒木上，连续做俯卧撑动作等。

图2-2-4 手指撑　　图2-2-5 夹肘屈臂撑　　图2-2-6 一腿抬起，另一腿着地

## 2. 引体向上

动作方法：两手正握或反握单杠，握距同肩宽，两脚离地，两臂伸直，身体悬垂。引体发力，身体向上拉至头过杠面，然后身体慢慢垂下来成原来姿势（图2-2-7、图2-2-8）。

图2-2-7 两臂伸直，身体悬重　　图2-2-8 身体向上拉至头过杠面

练习要求：发力引体不要借助身体摆动和屈蹬腿的力量，重复练习能发展胸大肌、背

阔肌以及肘关节屈肌群力量。

拓展练习：提高练习难度和效果，拓展多种练习方法。

（1）两手正握或反握单杠屈臂悬垂 30～60 s。

（2）负重沙袋在单杠上连续做引体向上动作。

### 3. 双杠臂屈伸

动作方法：两臂屈伸在双杠上，身体垂直在杠内，屈臂至两臂完全弯曲，接着用力撑起，使两臂伸直成原来姿势（图 2-2-9、图 2-2-10）。

图 2-2-9　两臂屈伸在双杠上

图 2-2-10　用力撑起

练习要求：身体要直，下肢自然下垂，腿不要屈伸摆动，重复练习能发展胸大肌、三角肌前部、肱三头肌力量。

拓展练习：提高练习难度和效果，拓展多种练习方法。

（1）脚背放置小壶铃或者绑沙袋连续做屈伸臂动作。

（2）腰负重物体或穿沙背心连续做屈伸臂动作。

### 4. 仰卧起坐

动作方法：仰卧在地板上或体操垫上，使身体处于水平位置，腿伸直，两手抱头，然后向上抬上体至垂直部位，再慢慢后倒成原来姿势。多次重复动作，能发展腹肌、叉腰肌等力量。

练习要求：起坐动作速度要快，下卧时动作速度要慢。

拓展练习：提高练习难度和效果，拓展多种练习方法。

（1）两手持杠铃片置于脑后，两脚固定，连续做仰卧起坐。

（2）两脚钩住肋木，两手持球，两臂伸直，连续做仰卧起坐。

（3）坐在跳箱上两脚由同伴握着，两手持杠铃片置于脑后连续做仰卧起坐动作。

### 5. 收腹举腿

动作方法：仰卧在地板上或体操垫子上，身体伸直处于水平位置上，两臂伸直自然置于体侧，然后收腹向上举起双腿至垂直部位，再慢慢放下成原来姿势。

练习要求：收腹举腿动作速度要快，放腿速度要慢，多次重复该动作能有效地发展腹肌和髋关节屈肌群力量。

拓展练习：提高练习难度和效果，拓展多种练习方法。

（1）仰卧两脚夹实心球连续做收腹举腿动作（图2-2-11、图2-2-12）。

（2）背靠肋木两手正握横木悬垂，两脚夹实心球连续做收腹举腿动作（图2-2-13）。

图2-2-11　仰卧实心球收腹举腿　　　图2-2-12　双腿慢慢放下　　　图2-2-13　背靠肋木收腹举腿

### 6. 皮条高抬摆腿

动作方法：两手握双杠，左膝结橡皮筋，另一端固定在杠柱上，上体前倾，做大腿摆动练习，另一条腿积极蹬直，连续练习，两腿轮换做（图2-2-14、图2-2-15）。

图2-2-14　两手握双杠　　　　　图2-2-15　做大腿摆动练习

练习要求：蹬、抬，送髋，抬腿用力，两手不要拉杠。该动作练习主要发展髂腰肌、大腿屈肌群力量。

### 7. 连续跳跃

动作方法：可用单腿跳跃和双腿跳跃进行水平跳，向前跳和向上跳。该动作练习主要发展大腿前、后肌群、小腿肌群及踝关节力量。

练习要求：上体正直、蹬地有力、动作连贯。

拓展练习：

（1）原地单腿跳。

（2）原地双腿纵跳。

（3）原地双腿屈伸跳。

（4）单足踏高物交替跳。

(5)双腿挺身跳。

(6)立定三级跳。

(7)多级跨步跳等。

### 8. 提踵运动

动作方法:在两脚下放一块 5～6 cm 厚的木板或站在垒木上,前脚掌踏于木板上,脚后跟着地,然后尽量提高脚后跟再进行放下,连续进行(图 2-2-16、图 2-2-17)。

图 2-2-16　提踵运动　　　　　　　　图 2-2-17　尽量提高脚后跟

练习要求:身体正直、上体挺拔、臀部不要后坐,该动作练习主要发展小腿后部的比目鱼肌、腓肠肌、腓骨长肌、短肌群力量,同时对踝关节处韧带的收缩也有益处。

### (二)新兴核心肌肉练习方法

核心区域是指人体的中间环节,是以腰椎—骨盆—髋关节为主体,包括附着在它们周围的肌肉、肌腱及韧带系统,具体可以划分为核心区上部、核心区中部、核心区下部。核心和核心区是两个不同的概念。核心区更侧重于解剖学概念,指人体的中间部位,以及腰椎—骨盆—髋关节为主体,包括附着在它们周围的肌肉、肌腱及韧带系统;而核心更侧重于一个训练学概念,指的是一条运动链上的起主要作用的部位或环节。因此,核心稳定性的概念要比核心区稳定性大,既包括四肢运动链中的小核心区,又包括上下肢运动链,核心区里仍有核心。

核心区力量是一种能力,是由附着在腰椎、髋部和骨盆联合周围的肌肉和韧带产生的力量,它在大多数竞技运动项目中都起着重要的作用,不仅能够维持身体平衡,保证专项技术动作的稳定发挥,而且也是运动员发力的主要环节,是上下肢协同用力的枢纽,在力量传递的过程中起到承上启下的作用。

### 1. 核心肌肉概念

核心肌肉是指环绕在躯干周围的肌肉,包括腹肌,髋部肌群,与脊椎,骨盆联结的肌肉。当手和腿活动时,这些核心肌肉会帮助身体保持稳定,也可以使身体保持正直。也有人称这些肌肉为"能量来源"。

## 第二章 体 能

**知识拓展：** 核心肌肉群是什么？

核心肌肉群由腹直肌、腹横肌、背肌、腹斜肌、下背肌、竖脊肌、骨盆底肌和交错骨盆组成，并且髋关节周围的肌肉臀肌、旋髋肌、股后肌群也属于人体的核心肌群。

### 2. 核心区力量训练

核心力量是指核心肌肉向心、离心收缩的用力的能力。一般核心力量的评价是通过测定力量的大小得出的。训练中，可以采用一定负荷刺激，来提高肌肉力量。从身体位置来看，核心是最接近身体重心的中间环节：腰—骨盆—髋关节。核心力量存在所有运动项目中，对运动中的身体姿势、运动技能和专项技术动作起着稳定和支持作用。同时也是整体发力的主要环节，对上下肢体的协同用力还起着承上启下的枢纽作用。它是影响核心稳定的重要因素，但不是唯一因素。

### 3. 核心区功能性训练

功能性训练是为了提高、保持和恢复机体特定运动功能的训练，是为了实现远端肢体的功率有效输出，提高机体运动的整体性，是通过运动员机体核心部位或躯干部位屈伸、扭转、稳定等多关节、多肌肉参与的动作对神经、肌肉、关节系统的塑造过程。所有的竞技运动都在不同程度上动用躯干。几乎没有肌肉单独的工作，而是把身体作为一个整体而运动。核心区功能训练和传统的腰腹力量训练存在着一定的差异。

### 4. 核心区稳定性训练

稳定性是指任何一个关节在运动中的稳定程度，以保障肢体之间进行动量及力的有效传递的能力。它与其他体能要素一样具有自己独特的功能。核心稳定性又可称为躯干稳定性，是指人体在运动中，处于身体躯干部位的关节肌肉有效传递能量和保持身体姿势的能力。它涵盖的肌肉包括腹直肌、腹横肌、腹内外斜肌、臀大肌、髂腰肌、四头肌和背部肌群。

核心稳定性在完成四肢对称和非对称动作时起到非常重要的作用。核心稳定性的训练不应该只关注核心力量训练，更要关注稳定性，平衡能力和本体感受器的练习。

**知识拓展：** 核心区力量在运动中起到的作用

1. 稳定脊柱、骨盆。
2. 提高身体的控制力和平衡力。
3. 提高运动时由核心向四肢及其他肌群的能量输出。
4. 提高上下肢和动作间的协调工作效率。

5. 预防运动中的损伤。
6. 降低能量消耗。
7. 提高身体的变向和位移速度。

### 5. 核心区训练重点

核心区的训练必须遵循从上至下、从头到尾、从易到难、从稳定到不稳定、从静止到运动、从躺下训练到站立训练的运动规律。按摩垫上的府桥训练是最基础的核心区训练。在不稳定的界面上训练，如瑞士球等站立训练，训练过程中可以负重等。训练内容必须包括仰着的、趴着的、侧着的训练。训练部位包括腹部、背部、侧面。训练时须保持脊柱的中立位置，否则训练效果不明显。从最基础的做起，过程中难度逐渐增加。若是做不到就必须降低难度否则无训练效果。若是想训练局部的小肌群，动作的选择应该是幅度小的且动作慢的。如腹横肌、多裂肌、腰大肌、髂肋肌、长肌等。若是想训练整体的大肌群，动作的选择应该是幅度大的。如腹直肌、腹斜肌、竖脊肌、腰方肌稳定肌等。这些多为单关节，位置较深，是通过离心收缩来控制身体的活动以及身体姿势。运动肌多为双关节或多关节，位置较浅，往往通过向心收缩产生力量和加速度。

### 6. 核心力量的练习方法

（1）平衡垫站立。

动作方法：单足站立于平衡垫或软垫上，保持身体稳定。进一步可以将眼睛闭上，这样对本体感受神经的刺激更为强烈，能给核心稳定带来更多的挑战。

练习要求：身体保持稳定，心无杂念。

（2）单腿蹲。

动作方法：单腿站立，屈髋向下蹲，保证支撑脚全脚掌着地。增加难度站在平衡垫或软垫上完成下蹲动作。

练习要求：上体保持正直不塌腰，支撑脚前脚掌着地。

（3）健身球俯卧撑。

动作方法：两手打开放在健身球上，手在肩的下方，初学者可以采用手肘放在球上的方式降低难度，或者可以两脚分开，宽一些。向下落时，不要让胸部碰到球。起来时，肘关节不必伸直，保持身体从头到脚是一条直线，腹部收紧，不要塌腰。

练习要求：腹部收紧，身体保持直线。

（4）平衡垫平衡式。

动作方法：在平衡垫或软垫上，尾骨支撑保持平衡。双手撑在身体后侧，腰腹肌肉收紧。慢慢抬起一条腿，再抬起另外一条腿，两手离开地面。腰背要伸直，保持平衡。

练习要求：保持平衡，腰背伸直，腰腹部肌肉收紧。

（5）双腿置于平衡球上的支撑练习。

动作方法：将两腿并拢置于平衡球上，两手撑地，手臂与身体成90°夹角；脊柱保持正常位置，与地面平行；控制身体不改变任何夹角；保持均匀呼吸，不要憋气。进一步加强动作难度，可以采用单手支撑。

练习要求：保持放松，呼吸均匀，控制身体与地面平行。

（6）跪球平衡。

动作方法：腹部收紧，用手扶好球，控制身体稳定，跪上球，同时夹紧大腿，两手交叉放于胸前，保持平衡。

练习要求：身体保持平衡，腹部收紧夹紧大腿。

（7）"8"字练习。

动作要领：坐在平衡垫上或平衡板或训练球上，双膝弯曲，双腿分开与肩同宽。抓紧一个重10 kg的杠铃片。后仰与地面呈45°（直到感觉臀部肌肉绷紧）。开始做"8"字训练，从右臀部开始，将杠铃片举到右肩处，绕着身体至左臀，然后到左肩。即在体前画"8"字，锻炼整个核心区域的肌群，但对下腹部的锻炼更为明显。

练习要求：双膝弯曲，双脚开立与肩同宽，上体保持平衡，腹部收紧。

（8）双腿弹力带移动。

动作方法：双腿分开与双肩同宽，大腿和脚踝保持紧张状态，向前移动10 m，然后后退10 m，做两组。对臀部、大腿内侧有非常好的锻炼效果。一方面增加了下肢的肌肉力量，另一方面可有效地防止损伤的发生。

练习要求：上体保持正直，腹部收紧，大腿脚踝保持紧张。

### （三）轻器械肌肉力量练习方法

轻器械练习可以增强体质，增强肌肉、骨骼力量。多做器械练习可以减少脂肪，还可以增加肌肉的弹性。器械的选用应根据场地条件和练习的任务而定，没有硬性的规定。练习最好坚持由上至下，全面发展的原则。

#### 1. 肱二头肌

上臂前面的凸起是肱二头肌。

练习方法：

（1）两臂弯举，正反握哑铃或杠铃多种方法。两上臂紧贴两腋，利用肱二头肌收缩的力量使两手向胸前尽力弯起。

（2）反手窄握引体向上，利用肱二头肌收缩的力量达到锻炼的目的。

### 2. 肱三头肌

上臂后面的凸起是肱三头肌,练好肱三头肌更能清晰地体现手臂肌肉线条。

练习方法:正反握两个动作,脸朝上平躺在宽凳上,双手与肩同宽,紧握杠铃上举,然后以肘关节为支点,慢慢地向后弯曲到头顶,然后用肱三头肌的收缩力把杠铃恢复到原位。

### 3. 三角肌

肩膀上方的肌肉就是三角肌,分成前束、中束、后束。

练习方法:

(1)前束。手握哑铃或杠铃在身前,握距与肩同宽,用力抬起手臂前平举,使手臂与身体成90°。

(2)中束。手握哑铃在两侧,手臂侧平举从两侧抬起至头顶。

(3)后束。两手握杠铃与肩同宽,把杠铃放在颈后,向上伸臂推起杠铃,然后缓缓屈臂,将杠铃置于颈后肩部原位。

### 4. 腰、腹、背肌

腰、腹、背肌是比较难练的肌肉,要下功夫勤练。

练习方法:

(1)斜板仰卧起坐。

(2)仰卧举腿,平躺在长凳上,两手抓住凳头,用腰腹力量把双脚抬起,身体弯曲。

(3)两头起,平躺在长凳上,上臂与双腿都伸直,直臂摆动,以臀部为支点,上体与腿同时折起,用双手触摸上举的脚尖。

(4)颈后背肌负重,把杠铃放在颈后,身体前俯与腿部成90°,用腰部力量恢复原位。

### 5. 胸大肌

胸大肌是人体大肌肉群,比腹背肌相对好练。

练习方法:

(1)仰卧飞鸟平躺在宽凳上,两手各执一只哑铃,双手上举,然后慢慢向身体两侧展开。

(2)平躺在宽凳上卧推,两人合作,另一人做保护。杠铃放在胸大肌上方,双手紧握杠铃,用力上推。

### 6. 背阔肌

发达的背阔肌,躯干会呈现出"V"字形,俗称倒三角。

练习方法：

（1）引体向上，颈后引体向上，屈臂上拉。

（2）俯卧飞鸟平趴在宽凳上，两手各执一只哑铃，双手侧举使背部用力。

### 7. 腿部肌肉

练习方法：

（1）颈后杠铃负重深蹲，两脚开立与肩同宽，深蹲并呼吸，股四头肌发力站起。

（2）颈前负重深蹲，两脚开立与肩同宽，杠铃置于胸前锁骨部位，屈膝下蹲到大、小腿折。

（3）小腿肌肉练习方法。负重提踵，两脚尖站在高出地面 5～8 cm 的木板或杠铃片上，先将脚跟慢慢下沉到地面，然后用力提脚跟，踮起脚尖，提高身体重心位置，收紧臀部和大腿肌肉。

## 器械训练安全小常识

器械训练多是全身性运动，活动量大，如杠铃、跳箱、单双杠、铅球等。切记以下小常识：

1. 脖子上不戴项链等配饰，衣服上不要别胸针、校徽等。衣、裤口袋里不装钥匙、小刀等坚硬、尖锐锋利的物品。

2. 有近视的人尽量不要戴眼镜，如果必须戴眼镜，做动作时一定要小心谨慎或者选择运动型保护眼镜。

3. 运动时穿着宽松得体的运动服、运动鞋。

4. 剧烈运动后，不要马上大量饮水、吃冷饮，也不要立即洗冷水澡。

## 三、力量素质练习的注意事项

力量素质是神经肌肉系统对抗阻力的能力，在以体能为主的项目中十分重要。力量是基础，速度是核心。在发展力量素质过程中应该注意以下问题：

（1）力量练习前要充分做好准备活动。练习前要使肌肉充分拉伸，练习后及时放松肌肉，注意培养肌肉放松能力，提高肌肉的弹性。

（2）力量练习的过程中，应使四肢、腰、腹、背、臀等部位在大肌肉群和主要肌肉群得到锻炼、提高，也要注意发展薄弱的小肌肉群的力量。

（3）力量练习以隔天一次为宜。锻炼过程要在适应原来负荷的基础上，逐渐增加负荷，才能不断发展力量。

（4）进行力量练习时，要全神贯注，念动一致，注意安全。

（5）进行力量练习时要注意呼吸。憋气能增加肌肉用力，但对心血管系统会产生不良影响。只在短时间最大用力时才允许憋气。在完成练习前不做最大吸气，以中度吸气为宜，用力过程可慢呼吸，以达到憋气的效果。

（6）力量锻炼要先练大肌群，后练小肌群。全身不同部位或不同性质的练习交替进行。

知识窗：

**多做力量训练有哪些好处？**

力量训练能够给骨骼增加压力，增强骨密度，降低发生骨质疏松症的概率，还可以控制身体脂肪。随着肌肉的流失，身体燃烧热量的效率会随之下降，导致体重增加。因此，体脂越低，肌肉越强壮，体重越容易控制。另外，强壮的肌肉有助于保护关节，使关节不受损伤，并且还能够维持身体的灵活性与平衡能力，随着年龄不断增长，也可以保持自理能力和身体的活力。

## 第三节　唯"快"不破之速度素质

速度素质是人体运动中十分重要的素质。近年来随着物质生活水平和体育运动水平的迅速提高，在理论和实践中，人们越来越重视速度素质的发展。

### 一、速度素质的概念

速度素质是指人体或人体某部位快速运动的能力。也就是人体或人体某一部位快速做出运动反应、快速完成动作、快速移动的能力。

速度素质是人体的基本身体素质，在身体训练中占有重要的地位和作用。在短跑、拳击、击剑、球类运动等多种运动项目中，速度都起着重要的作用。在不以速度为主的运动项目中也可以将速度训练作为提高训练强度的手段。可以说，所有竞技体育项目的训练都应结合专项特点及技术变化，高度重视快速能力的训练。

速度素质是衡量身体训练水平、竞技能力高低的客观依据。速度素质可以直接反映运动过程中的效果,提供改进技术、提高运动成绩的客观数据。竞技体育技术动作大多要求快速完成,良好的速度素质有助于更好地掌握合理而有效的运动技巧。

速度素质练习不仅能提高人体的快速运动能力,而且能提高人体中枢神经过程灵活性及兴奋性的转换能力,促进供能能力的提高及改善代谢过程。

## 二、发展速度素质的练习方法

### (一)反应速度

**1. 反应速度的概念**

反应速度是指人体对各种信号刺激的快速应答能力。这种能力取决于信号通过神经传导所需时间的长短,即身体的感受器感受到刺激时,由感觉神经元传入中枢神经,再由中枢神经发出指令,经运动神经元传出至效应器肌肉,肌肉产生运动。这在运动中又称为反应时,反应时长,反应速度慢;反应时短,反应速度快。如短跑运动员听到枪声后快速反应到启动。反应时的长短与刺激信号的强度和注意的集中程度与指向有关。

**2. 反应速度练习游戏**

(1)游戏名称:双人拍击。

游戏方法:两人面向开立,在听到开始口令后,设法拍击对方的背部,而又不让对方击中自己,在规定时间里,拍击对手多的人为胜。

要求:注意力集中,灵活躲避。

(2)游戏名称:反应起跳。

游戏方法:围圈面向圈内站立,圈内两人,两人站在圆心周围,手持竿长超过圈半径的小竹竿。持竿者把竹竿绕过站圈人脚下画圆,竿经谁脚下,谁即起跳,别让竿打上脚,被打即失败,进圈当持竿者,持竿者可突变画圈方向。

要求:注意力集中,脚步灵活,反应及时。

(3)游戏名称:叫号找伙伴组合。

游戏方法:学生绕圈跑,听教师口令,几人组合,练习者也就是几人成组,不符合组合人数者就是失败,失败者罚做俯卧撑、高抬腿等练习或者是表演节目。

要求:跑步时精神集中,认真听口令,快速反应。

(4)游戏名称:追逐游戏。

游戏方法:两队相距 2 m 面向站立,两组按规定选择单数和双数,听教师口令发出是单数还是双数,按照事先的规定(叫到单数,单数跑或是追),一队跑一队追,在 15～20 m,追上为胜,追不上就是失败。

要求:精神集中,快速反应,转身快。

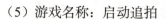

（5）游戏名称：启动追拍。

游戏方法：两人一组，前后相距 2～3 m 慢跑，听到信号开始进行加速跑，后者追前者，追上并拍击其背部就停止，要求在 20 m 内追上。也可在追赶时，教师发出第 2 个信号，转身互换追赶。

要求：注意力集中，脚步灵活，反应及时。

（6）游戏名称：抢球游戏。

游戏方法：用实心球围成一个圆圈，球数比练习人数少 1 个，练习者绕球圈外慢跑，听到信号各人就近抢球，谁没抢到，谁被淘汰，并去掉一球继续，每进行一轮成功者得一分，得分多者为赢。

要求：精神集中，脚步灵活，反应及时夺取实心球。

（7）游戏名称：贴人游戏。

游戏方法：两人前后面向圈内站立围成一圆圈，左右间隔 2 m。两人在圈外沿圈跑动追逐，被追者可跑到某两人的前面站立，则排在最后的第 3 个人就逃跑，追者就改追第 3 个人，假如被追上就是失败。

要求：注意力集中，脚步灵活，躲闪快速。

### 3. 反应速度练习方法

练习方法：

（1）慢跑中听信号后突然加速冲跑 10～20 m，反复做。

（2）俯撑起跑，听信号后迅速收腿起跑 10～20 m。

（3）小步跑、高抬腿跑接启动加速跑，原地或行进间的小步跑或高抬腿跑，听到信号后突然加速冲跑 10～20 m，反复练习。

（4）转身跑，背对前进方向站立，听信号后迅速转体 180°，启动加速跑 10～20 m。

（5）听信号进行各种滑步、上步、交叉步等移动、转身、急停启动加速跑 10～20 m。

（6）听口令做对应的相反动作听教练叫立正，练习者做稍息；叫向左转，练习者做向右转等。

（7）俯起跑从俯撑开始，听信号后迅速收腿起跑 10～20 m。

（8）听枪声及口令起跑蹲踞式或站立式起跑 20 m。组数及每组次数根据水平而定。

（9）听信号变速快跑。在慢跑或其他移动中，听口令或看信号即启动快跑 10～20 m。

（10）听信号做不同的专门练习，非专门练习编号，听号数做不同的练习。

（11）接传不同方向的来球，几人从不同方向给一人传球，一人接不同方向的来球。

（12）抢接球，练习的几人排成一排，站在教练身后，教练向前抛球，练习者见球后快速启动抢接球。

(13）截断球，截不同方向的球，练习者随时启动断球。

(14）利用电子反应器练习，根据不同的信号灯，用手或脚压电扣，计反应时等。

> **知识窗：**
>
> **人体正常的反应速度值**
>
> 人体正常的反应时间通常在 0.2～0.3 s，而一个训练有素的专业运动员能达到 0.1～0.2 s。反应速度是指人体对各种信号刺激快速应答的能力。反应速度主要取决于人的感受器，即视觉、听觉和中枢神经系统与神经肌肉之间的关系。另外，反应速度素质受遗传因素影响较大。

### （二）动作速度

**1. 动作速度概念**

动作速度是指人体或人体的一部分完成单个动作或成套动作的快慢以及单位时间内重复动作次数多少的能力。因此，动作速度又分为单个动作速度、成套动作速度及动作速率三种。

动作速度除了决定信号在各环节中神经传递速度外，还与神经系统对人体运动器官指挥能力关系密切。如兴奋冲动强度大，加之传递速度快，协调性好，即指挥的能力强，动作速度必然快。此外，动作速度的快慢还与人体各器官系统的准备状态，快速力量与速度耐力水平以及动作熟练程度有关。在技术动作中，速度产生一瞬间，如跳远的起跳速度和角速度等，称为瞬时速度。

**2. 动作速度练习方法**

（1）听口令或击掌摆臂。

练习方法：两脚前后开立或者是弓箭步，按照口令、击掌的节奏或者节拍器的节奏，进行快速前后摆臂练习大概 20 s，节奏从慢到快，快慢结合。摆臂动作正确、有力。重复 4～6 组，组间歇 30 s。

（2）原地快速高抬腿或支撑高抬腿。

练习方法：站立或前倾支撑肋木或墙壁等，听信号后进行 20～30 s 高抬腿，上体不后仰。重复 4～6 组，组间歇 30 s。

（3）快速小步跑 15～30 m，两腿频率越快越好。

练习方法：要求以大腿摆动，小腿、膝踝关节自然放松，脚落地时前脚掌扒地。重复 4～6 组，组间歇 30 s～1 min。

（4）快速小步跑转加速跑。

练习方法：快速小步跑 10 m 左右转入加速跑。加速跑时频率节奏不能下降，跑出

第三节 唯"快"不破之速度素质

20～30 m 进行放松。重复次数及间歇同上。

（5）快速小步跑转高抬腿跑。

练习方法：快速小步跑 5～10 m，转高抬腿跑 20 m。小步跑要放松而快，转高抬腿跑频率不变，幅度加大。

（6）仰卧高抬腿。

练习方法：仰卧两腿快速交替做高抬腿练习，要求以大腿工作。做 10～30 s，练习次数及间歇同上。此练习也可做抗阻力练习，如拉胶皮带，将胶皮带分别固定在垒木上和两脚踝关节处，以高抬腿拉力抗阻力，胶皮带固定的一端要低于垫子平面约 20 cm，也可拉完胶带后再徒手练习，以提高动作速率。

（7）悬垂高抬腿。

练习方法：两手握单杠成悬垂，两腿快速交替做屈膝高抬腿和下蹬伸直动作，速度越快越好。每次两腿各抬 20～50 次。

（8）高抬腿跑转加速跑。

练习方法：快速高抬腿跑 10 m 左右转加速跑，频率节奏及前摆腿的高度不能下降。重复次数及间歇同上。

（9）变速高抬腿跑。

练习方法：行进间高抬腿跑中突然做几次最快速的高抬腿练习。动作要协调，重复 4～6 次。

（10）高抬腿跑接快速车轮跑。

练习方法：原地快速高抬腿 5～10 s，接着车轮跑 15 m，3～5 次为一组，重复 2～3 组。

（11）前倒起跑。

练习方法：两脚前后开立，身体自然向前倾倒，至重心前倒失去控制时迅速起跑 20～30 m。每组 2～3 次，重复 2～3 组。

（12）踏标记高频快跑。

练习方法：跑道上划出步长标记，听信号后全速踏标记跑 20～40 m。步长标记要合适（一般比正常步长稍短些）。每组 2～3 次，重复 2～3 组，组间歇 5 min。

（13）利用转动跑道高频跑。

练习方法：利用机械控制速度的转动跑道进行高频跑，速度控制在比运动员的速度稍微快些（运动员实际是原地跑），每次练习 10～15 s，每组 2～3 次，重复 2～3 组。

（14）跨步跳接跑台阶。

练习方法：开始跨步跳台阶，听信号后变快速跑台阶。要求逐个台阶跑，不许跨越，速度越快越好。如台阶数目固定可以计时跑。每组 5～7 次，重复 2～3 组。

(15) 肋木前攻栏练习。

练习方法：面对肋木站立，起跨腿蹬地同时，摆动腿快速前摆，同时异侧臂前摆与摆动腿的脚掌一起落在横木上。要求起跨充分向前蹬地，不能离地，强调攻摆速度。连续进行 10～20 次为一组，重复 2～3 组。

(16) 扶肋木跨栏角。

练习方法：肋木前放置一栏架，离木 80～100 cm，面对肋木站栏侧，手扶肋木躯干前倾。做快速提拉起跨腿从栏角过栏。强调动作正确，提拉速度要快。连续进行 15～20 次为一组，重复 3～5 组。

(17) 小步跑跨栏角。

练习方法：10～12 m 内放置 5 个栏，在快速小步跑中摆动腿在栏侧做过栏动作，起跨腿跨过栏角过栏。频率越快越好，上下肢配合协调，每组 3～4 次，重复 3～5 组。

(18) 高抬腿跑跨栏角。

练习方法：栏架及栏间距同上，在快速高抬腿跑中跨栏角过栏。动作要求及练习次数同上。

(19) 连续跨栏跑。

练习方法：放 5～6 个低栏，栏间距 1.5～2 m，做快速连续过栏练习。要求动作速度快，节奏清晰，过栏动作正确。每组 5～7 次，重复 2～3 组，组间歇 7～10 min，每次计时跑。

(20) 侧跳台阶。

练习方法：侧对台阶站立，两腿前交叉做侧跳台阶动作，快速连续做，上体不要摇摆。每组进行 3～5 次，重复 2～3 组，组间歇 3 min。

(21) 听节拍器或击掌助跑起跳。

练习方法：按节拍器或击掌的节奏快速助跑，5～7 步起跳，以腾空步落地。要求助跑好最后两步，再加速起跳，起跳速度越快越好。每组 7～10 次，重复 2～3 组。

(22) 加速助跑起跳。

练习方法：全程助跑跳远，起跳前 10～20 m 时加速跑，起跑后做蹲踞式跳远落地。要求全速中起跳，起跳果断。重复 7～10 次，每次间歇 5 min。

(23) 腾空剪腿。

练习方法：快速助跑 3 步起跳，腾空后摆动腿，大腿高摆至髋关节水平，然后积极下压，同时起跳腿向前上摆，两腿在空中快速交叉换步，以摆动腿落地。要求空中动作速度越快越好。每组 7～10 次，重复 2～3 组。

(24）左右腿交叉跳。

练习方法：在一条线上站立，沿着线两腿向左、右两侧方向做交叉跳 20～30 m，要求交叉跳时大腿高抬，快速转髋，动作速度越快越好。重复 4～6 次，每次间歇 3 min。

(25）向后单足跳。

练习方法：站立，两臂前平举，做向后快速单足跳 10 m，放松走回。要求跳动时由摆动腿发力，动作频率越快越好。重复 4～7 次，可计时进行。

(26）对挡网投棒垒球。

练习方法：运用投标枪交叉步助跑，快速挥臂，将球向挡网掷出。要求技术正确，出手速度快，重复练习 10～20 次，每次间歇 3 min。

(27）交叉步推铅球。

练习方法：侧对投掷方向，右手持铅球于肩上，右腿向左前方迈出，做快速交叉步推球。要求交叉步动作要快，推球出手速度越快越好。每组 7～10 次，重复 2～3 组，组间歇 3 min。

(28）上两步转身推铅球。

练习方法：背对投掷方向站立，右手持铅球，左腿向前迈一步，接着右腿前迈屈膝，重心移到右腿，迅速蹬转右腿，向左转体将球推出。要求转体快、出手速度快。球重 2～3 kg，每组练习 7～10 次，重复 2～3 组，组间歇 3 min。

(29）投掷铁球。

练习方法：直臂于体后，成掷标枪的引枪姿势。向前 3 步将球快速掷出。要求出手速度及鞭打动作快。铁球重 0.3～0.5 kg。每组练习 5～7 次，重复 2～3 组，组间歇 5 min。

(30）快速拨饼。

练习方法：站立，左臂前举，右手持铁饼，右臂往后摆拗 1 次，运用掷铁饼技术将铁饼快速掷出。要求用小指到食指依次用力拨饼，速度越快越好。每组 10～20 次，重复 2～3 组，组间歇 7 min。

(31）跳起屈体跳。

练习方法：原地分腿上跳，同时体前屈手触脚尖。连续跳 5～10 次。要求动作速度越快越好，可计时进行。重复 3 组，每组间歇 5 min。

(32）纵跳转体。

练习方法：原地跳起转体 360°，落地连续进行 10～20 次，可计时进行。强调转体，速度要快，不要求跳得高。重复 2～3 组，组间歇 5 min。

(33）起跳快速转体。

练习方法：3 步助跑起跳，摆动腿屈膝上摆，空中转体 180°～270°，起跳腿落地。

要求起跳、转体速度越快越好，转体时躯干保持直。连续进行3～5次为一组，重复3～5组，组间歇3 min。

（34）吊绳支撑转体。

练习方法：面对吊绳站立，吊绳后放置一个高跳箱，3步助跑起跳手抓吊绳，收腹举腿，脚放在跳箱上，做快速支撑转体180°。要求整套动作快速、连贯。每组5次，重复3～5组，组间歇5 min。

（35）跳抓吊绳转体。

练习方法：面对吊绳站立，全速助跑起跳后双手抓吊绳，做后仰收腹举腿，转体180°跳下。要求节奏清晰，动作快速，重复10～15次，每次间歇3 min。

（36）起跳悬垂摆体。

练习方法：手持撑竿，助跑7步插穴起跳，迅速做悬垂体后仰举腿动作。每组5～7次，重复3～5组，组间歇3 min。

## 三、速度素质练习的注意事项

通过一定的方法与手段来提高速度素质，对发展快速运动能力有积极的意义。速度素质包括反应速度、动作速度、位移速度三个方面，这三方面既有联系，又有区别，故速度能力提高的途径也具有多方面的特点，练习时应注意以下事项：

（1）反应速度各项练习中要注意力集中，时刻保持专注。

（2）练习中要保持练习的兴奋状态，保持肌肉处于紧张待发的状态。

（3）要主动变换练习速度，使最高速度和变换速度相结合。

（4）要做正确的技术动作，因为动作速度是建立在一个技术动作之上的。

（5）动作速度练习相对强度较大，要求练习时保持专注，持续时间一般不超过30 s，重复的组数以不降低动作速度为前提。

（6）准备活动要充分，练习时可以提高完成动作的质量，也可以避免运动损伤。

## 第四节　坚持不懈之耐力素质

耐力即人对紧张体力活动的耐久能力，是人体长时间进行肌肉工作的能力，即对抗疲劳的能力。耐力包括两个方面，即肌肉耐力和心血管耐力。

## 第四节　坚持不懈之耐力素质

### 一、耐力素质的概念

耐力是指人体长时间进行肌肉活动的能力，也称抗疲劳能力。耐力的训练能促进心血管系统机能的改善和肌肉耐力的增强。

耐力素质是机体在一定时间内保持特定强度或动作质量的能力。"一定时间"是指不同专项对运动时间的规定性。保持特定运动强度或动作质量是耐力水平的体现。耐力水平的提高表现为更长时间保持特定强度或动作质量，或在一定时间内承受更高强度的能力。运动员要在竞赛全过程保持特定的运动强度或动作质量，就必须具备良好的耐力素质。

耐力素质体现了肌肉耐力、心肺耐力和全身耐力的综合状况，它与肌肉组织的功能、心肺系统的功能以及身体其他基础系统功能的提高密切相关。

### 二、发展耐力素质的练习方法

#### （一）耐力素质练习方法

耐力素质练习的方法较多，而且各种方法都有其各自的特点。总的来说，这些特点基本上体现在耐力素质练习过程中，也体现在练习强度、持续时间、间歇时间与方式、重复次数等因素的组合与变化上。目前，常用的耐力练习方法主要有以下几种：

（1）持续练习法。

（2）重复练习法。

（3）间歇练习法。

（4）变换练习法。

（5）比赛游戏练习法。

（6）循环练习法。

（7）高原训练法。

#### 耐力素质的基本要素

（1）发展耐力素质要充分考虑年龄、性别及生理特点。男子在17岁之后，女子在16岁以后发展素质耐力较好；男子和女子，体质强和体质弱者的运动负荷都要有明显的差别。

（2）发展耐力素质应该在发展有氧耐力的基础上发展无氧耐力。

（3）发展耐力素质需要适量的运动负荷与间歇。

> （4）动作速度为中等，对耐力素质的提高最为有效。
> （5）要重视耐力锻炼中的呼吸与动作的配合。
> （6）耐力锻炼必须持之以恒，要有顽强的意志品质。
> （7）耐力锻炼后，应加强营养补充和疲劳的消除。

### （二）耐力素质常用的练习方式

**1. 立卧撑**

动作要领：由直立姿势开始，下蹲两手撑地，伸直腿成俯撑，然后收腿成蹲撑，再还原成直立。

练习要求：每次做 1 min，4～6 组，组间歇 1～2 min。要求动作规范，必须站起来才算完成一次练习。

拓展练习难度：可以穿上沙背心做该练习或做立卧撑接蹲跳起。

**2. 原地间歇高抬腿跑**

练习方法：原地或前支撑做高抬腿跑练习。

练习要求：每组 1 min，5～6 组，每组间歇 1～2 min。要求动作规范，不要求时间，但动作要不间断地完成。

拓展练习难度：可负重做练习，但每组练习次数及组数可适当减少。

**3. 连续换腿跳台阶**

练习方法：台阶高度 40～50 cm，单脚放在平台上，另一脚在地上支撑，两脚交替往上跳。

练习要求：两臂协调配合，上体正直，50～70 次，重复 5～6 组，组间歇 1～2 min（图 2-4-1 至图 2-4-3）。

图 2-4-1　单脚放在平台上　　图 2-4-2　跳台阶　　图 2-4-3　两脚交替跳

拓展练习难度：可负重做练习，但每组练习次数及组数可适当减少。

4. 跳绳

练习方法：原地做单摇跳绳或双摇跳绳。

练习要求：每组单摇跳 1～2 min，做 3～5 组，组间歇 1～2 min。跳双摇 30 s～1 min，做 3～5 组，组间歇 1～2 min。该练习必须熟练掌握双摇的技巧；

拓展练习难度：可负重做练习，如绑沙袋。

5. 连续跳深

练习方法：站在 50～70 cm 高的台阶或跳箱上双脚向下跳，落地后迅速接着向上跳，跳过等高的栏架或小垫子，再迅速跳上登高跳箱，跳下结束。连续跳 10～15 次为一组，3～5 组，组间歇 5 min。

拓展练习难度：可增加跳箱高度来提高练习难度，或增加跳箱组数。

6. 连续深蹲跳

练习方法：连续做原地深蹲跳起或在草地上向前深蹲跳。要落地即起。每组 40～50 次，重复 3～5 组，组间歇 3～5 min。

拓展练习难度：可负重练习，如沙衣或沙袋。

7. 连续纵跳摸高

练习方法：在摸高器或篮球架下站立，连续纵跳双手摸高。每组 30～50 次，4～6 组，组间歇 1～2 min。

拓展练习难度：可负重练习，如沙衣或沙袋。

## 发展耐力素质的重要途径

耐力素质取决学生有氧代谢的能力、体内能源物质的储存、支撑运动器官承受长时间工作的能力以及学生的心理控制和对疲劳的耐受程度四个方面。

提高学生的摄氧、输氧及用氧能力，保持学生体内适宜的糖原的储存量，提高肌肉、关节、韧带等支撑运动器官对长时间负荷的承受能力，加强运动员心理调节控制的能力，改进学生在疲劳状态下动员机体潜力、持续工作的自我激励能力，是发展学生耐力素质的重要途径。

长时间的单一练习，如跑步、游泳、骑自行车等，既能发展机体有氧代谢的能力，又能发展进行该项运动主要工作肌群及关节、韧带的工作耐力；而长时间变换内容的练习，则减轻局部运动装置的工作负荷，着重培养学生有氧代谢的能力。

### 8. 收腹举腿静力练习

动作要领：在双杠、吊环或垫上做收腹举腿（直角支撑）动作（图2-4-4）。

练习要求：每次静止1~2 min。5~6次，间歇1~2 min。静止时躯干与大腿间的夹角不能大于100°。

拓展练习难度：可负重练习，如小腿绑上沙袋或两脚夹一个实心球。

图2-4-4 收腹举腿静力练习

### 9. 半蹲静力练习

练习要求：躯干伸直，屈膝约90°成半蹲姿势后静止3 min至5 min。4~6次，每次间歇2~3 min。每次练习结束要放松肌肉，做按摩摆腿或放松跑活动。

拓展练习难度：可负重练习。

### 10. 反复跑

练习要求：跑距为60~100 m，按时间要求完成跑的距离，尽量接近限时完成，慢跑返回，反复次数应根据距离的长短及个人水平而定。一般每组5~6次，重复3~5组，每组间歇3~5 min。

拓展练习难度：减少时间提高速度。

## 长跑

> 长距离跑简称长跑，英文是long-distance running。最初项目为4 miles、6 miles跑，从19世纪中叶开始，逐渐被5 000 m跑和10 000 m跑替代。据记载，现代最早的正式长跑比赛是1847年4月5日在英国伦敦举行的职业比赛，英国人杰克逊以32′35″的成绩夺得6英里跑冠军（1 miles≈1 609.344 m）。

### 11. 计时跑

练习要求：可做短于专项距离的重复计时跑或长于专项距离的计时跑。重复次数3~6次（根据距离而定），间歇大于每次练习时间的30%~50%。根据个人水平及跑距而定，距离短，强度大些。

拓展练习难度：减少时间提高速度或增加距离。

### 12. 反复超赶跑

练习要求：在田径场跑道，8~10人左右成纵队慢跑或中等速度跑，排尾加速跑至排头，跑至排头后，最后一人开始，每组重复循环 8～10 次。

拓展练习难度：逐渐提高速度要求。

### 13. 走跑交替

练习要求：田径场，直道跑，弯道走。4～6 圈，可根据个人情况制定直道跑要求。

拓展练习难度：可要求直道冲刺跑，弯道慢跑。

### 14. 变速越野跑

在公路、树林、草地、山坡等地进行越野跑，在越野跑中做 50～150 m 或更长些距离的加速跑或快跑。加速或快跑的距离为 1 000～1 500 m。

### 15. 间歇接力跑

组织方法：400 m 田径场，4 人成两组，相距 200 m 站立。

练习要求：每人跑 200 m 交接棒，每人重复 8～10 次。

拓展练习难度：在限时内完成练习。

## 长跑正确的姿势及呼吸

> 姿势：上身保持挺直，既不前倾，也不后仰，头部不要下垂或前冲，手臂应随跑步的节奏自然放松地摆动。步间距可自行确定，要确保舒适。为了充分发挥膝盖的作用，脚尖应该始终朝向跑步前进的方向。
>
> 呼吸：如果深深地从腹部吸气，那就对了。注意：一定要有意识地呼气，以便已使用过的空气能确确实实地离开肺部。对于初学者而言，在试着这样做时往往感到很拘束，因而呼吸很浅。

### 16. 球场往返跑

练习要求：篮球场见线折返跑，端线站立，听口令起跑至最近罚球线触地返回，至中线触地折返回，至远端罚球线触地返回，至远端端线触地返回。重复 4～6 组，限时完成。

## 定期进行长跑的人

> 定期进行长跑的人，4 个星期后便会发现：自己的身体素质、体态及心理随能力都提高了。跑步是一种理想的耐力训练，可以对心脏循环系统产生有益的影响，并能提高能量基础代谢。这样，就改善了细胞的营养吸收状况，使免疫系统得以发挥更好的作用，而皮肤也更红润了。在进行体育运动时，随着腿部肌肉的增强和新陈代谢的改善，会对脂肪团产生积极的影响。

### 17. 跳绳跑

练习要求：田径场跑道上做正摇跳绳跑，每次跑 200～400 m，3～5 次，间歇同练习时间。

### 18. 上下坡变速跑

练习要求：在斜坡跑道上做上坡加速快跑，下坡放松慢跑回起点。每组练习根据距离制定练习次数，每组练习 300～400 m，3～5 组，组间歇 5 min。

### 19. 水中间歇高抬腿

练习要求：在 80～100 cm 深的浅水中，做原地高抬腿，每组 80～100 次，5～7 组，组间歇 2～3 min。

拓展练习难度：可以做原地高抬腿跑或行进间高抬腿跑。

### 20. 水中短距离间歇游

练习要求：做 50 m、100 m 或更长段落的反复，或不同距离组合的间歇游。2～3 次为一组，3～4 组，每次间歇同练习时间。

## 三、耐力素质练习的注意事项

中长跑是体育教学中的一项基本内容，对发展学生耐力素质，培养学生勇敢、顽强的意志品质，提高呼吸、心血管系统的功能都具有重要的意义。对必须具备高度发达的耐力素质运动项目，发展耐力就显得更为重要，以下是发展耐力素质的注意事项。

（1）耐力训练前控制饮食。
（2）耐力训练前的准备活动应当重视。
（3）耐力训练应当注意选择正确的运动项目姿势和呼吸方式。
（4）耐力训练中安排适宜的运动负荷，学会用脉搏来控制负荷量。

# 第五节　持之以恒之柔韧素质

学生喜欢体育锻炼，但往往忽视基础素质训练。人的柔韧素质对掌握体育技能至关重要。没有柔韧性，不可能顺利、准确地完成运动项目所要求的动作。所以应大力加强柔韧素质训练，训练时要注意循序渐进、强度适中、动静结合、整体训练等几个方面。

## 一、柔韧素质的概念

柔韧素质是指人体关节活动幅度的大小以及跨过关节的韧带、肌腱、肌肉、皮肤及其他组织的弹性和伸展能力。

柔韧素质是人体的一种重要身体素质。武术、竞技体操、艺术体操、技巧、跳水、花样滑冰、绷床、毽球、散打、游泳等运动项目，对运动员的柔韧素质都有很高的要求。发展柔韧素质不仅可以加大动作幅度，使动作更加优美、协调，而且能加大动作力量，减少受伤的可能性。因此，正确地进行柔韧素质练习，对于提高运动技术水平具有重要的意义。

## 二、柔韧素质的练习方法

### （一）主动或被动的静力拉伸方法

缓慢地将肌肉、肌腱、韧带拉伸到一定酸、胀、痛的感觉位置并略有超过，然后停留一定时间。这种方法可减少或消除超过关节伸展能力的危险性，防止拉伤，由于拉伸缓慢不会激发牵张反射。一般要求在酸、胀、痛的位置停留6～8 s，重复6～8次（图2-5-1）。

图2-5-1　静力拉伸

### （二）主动或被动的动力性拉伸方法

主动或被动的动力性拉伸方法是有节奏的、速度较快的、幅度逐渐加大的多次重复一个动作的拉伸。在运用该方法时用力不宜过猛，幅度一定要由小到大，先做几次小幅度的预备拉长，然后加大幅度，从而避免拉伤。每个练习重复5～10次（重复次数可根据专项技术需要而增加）。

主动的动力性拉伸方法是靠自己的力量拉伸，被动的动力性拉伸方法是靠同伴的帮助或借助外力的拉伸，外力应与同伴被拉伸的可能伸展能力相适应。

**柔韧素质对各项运动技术的掌握和发挥的作用**

（1）加大运动幅度，有利于肌力和速度的发挥。

（2）提高关节的灵活性，增加动作的协调优美感，可获得最佳的机能水平。

（3）加速动作掌握进程，有利于技术水平的提高。技术水平的提高可以使技术动作显得轻巧灵活，更加协调和准确。

（4）防止、减少伤害事故的发生，延长运动寿命。

（5）柔韧素质是各项运动的重要依据之一。

### （三）手指、手腕柔韧性练习

（1）两手五指相触用力内压，使指根与手掌背向成直角或小直角。

练习要求：手指最大限度张开，小臂垂直于手指，可保持静止动作，也可做反复按压动作（图 2-5-2）。

（2）两手五指交叉，直臂头上翻腕，掌心朝上。

练习要求：上体保持直立，双臂向上伸直，保持静止动作，反复练习（图 2-5-3）。

图 2-5-2　手指柔韧性练习

图 2-5-3　手腕柔韧性练习

（3）手腕伸屈、绕环。

练习要求：双手自然握拳，做屈、伸及绕环动作。

（4）手指垫高。

（5）保持 30～60 s，反复练习。

（6）用左手掌心压右手四指，连续推压。

练习要求：一手自然伸直，另一手握住手指，向手背方向用力按压。

（7）面对墙站立，连续做手指推撑。

练习要求：距墙一臂或一臂半的距离，五指自然分开，推撑练习。

（8）左、右手指交替抓下落的棒球或小铅球。

练习要求：掌心向下抓住球，松手球下落时，另一只手抓住下落的球，双手交替反复练习。

（9）靠墙倒立。

练习要求：双掌撑住地面，手臂伸直，练习时须有保护帮助。

（10）肘和腕的伸展。

练习要求：肘伸直，掌向上，用另一只手慢慢地将手腕后伸（伸展）。将手掌向下，并慢慢地将手腕向下伸。这两个练习可达到牵拉手臂前、后部肌肉的目的。两支手臂都要做。

### （四）肩关节柔韧性练习

**1. 压肩**

练习方法：

（1）手扶一定高度，体前屈压肩。

练习要求：手扶物体高度在个人身体躯干高度为宜，双手握住，手臂伸直，向下坐体前屈，静止动作练习或连续体前屈。

（2）双人手扶对方肩，体前屈直臂压肩。

练习要求：手臂伸直，两人同时扶住同伴双肩，做体前屈。

（3）对墙压肩。

练习要求：面对墙一脚距离站立，手、大小臂、胸触墙压肩（逐渐加大脚与墙的距离）。

**2. 拉肩**

练习方法：

（1）背后拉肩。

练习方法：练习者站立，两手在头上握住，帮助者一手拉练习者头上的手，一手顶练习者的背助力拉。

（2）背对背拉肩。

练习要求：双人背向两手头上拉住，同时做弓箭步前拉。

（3）俯卧拉肩。

练习要求：练习者俯卧，两手相握举在头上或两手握木棍，帮助者坐练习者身上，一手拉木棍，一手顶其背助力拉。

（4）肋木拉肩。

练习要求：背对肋木坐或站姿，双手头上握肋木，以脚为支点，挺胸腹，前拉起，成反弓形。也可背向肋木屈膝站肋木上，双手头上握肋木，然后向前蹬直双腿，胸腹用力前挺。

（5）肋木反握拉肩。

练习要求：背向肋木站立，双手反握肋木，下蹲，下拉肩。

（6）肋木侧向拉肩。

练习要求：侧向肋木，一手上握，一手下握，肋木向侧拉。

（7）体前屈坐垫下，双手后举，帮助者握其两手，向前上推助力拉。

**3. 吊肩**

（1）单杠吊肩。

练习要求：单杠各种握法（正、反、反正、翻等握法）的悬垂摆动（图2-5-4）。

（2）单杠负重静力悬垂。

练习要求：单杠各种握法（正、反、反正、翻等握法）的悬垂摆动。

（3）单杠悬垂或加转体。

练习要求：同前两个练习方法，同时加上身体的左右旋转。

（4）后吊。

图 2-5-4　单杠吊肩

练习要求：单杠悬垂，两腿从两手间穿过下翻成后吊。

（5）转肩。

练习要求：用木棍、绳或橡皮筋做直臂向前、向后的转肩（握距逐渐缩小）。

（6）肩部伸展。

练习要求：

①用左手抱住右肘，将其向胸部拉，用手推肘来达到三角肌的收缩。

②将肘放于头后重复做，左右肩变换进行。

③站立，手臂在身后双手交叉伸展。

### （五）胸部柔韧性练习

练习方法：

#### 1. 卧背屈伸

练习要求：练习者腿部不动，积极抬上体、挺胸。

## 肩关节

> 肩关节是由半球形的肱骨头和肩胛骨的关节构成的球窝关节，所以肩关节是关节中最灵活、活动幅度最大的关节。它的加固主要靠喙肱韧带和三角肌。该关节的练习可以增加肩部肌肉力量和增加肩部柔韧。
>
> 发展肩关节的柔韧练习主要有主动或被动地压肩、拉肩、吊肩、转肩等。如手扶肋木的体前屈压肩、背对肋木双手上握向前的拉肩，在单杠或吊环上做各种握法的悬垂、借助绳或木棍的转肩练习。

#### 2. 虎伸腰

练习要求：练习者跪立，手臂前放于地下，胸向下压。要求主动伸臂，挺胸下压（图 2-5-5）。

**3. 练习者面对墙站立，两臂上举扶墙，抬头挺胸压胸**

练习要求：要求使胸尽量贴墙，幅度由小到大。

**4. 练习者背对鞍马头站立，身体后仰，两手握环使胸挺出**

练习要求：要求充分伸臂，顶背拉肩，挺胸。

**5. 练习者并腿坐在垫子上，臂上举**

练习方法：练习者并腿坐在垫子上，臂上举，同伴在背后一边向后拉其双手，一边用膝顶住练习者肩背部，向后拉肩振胸（图 2-5-6、图 2-5-7）。

练习要求：练习者上体保持正直，两臂自然上举，同伴稍用力向后拉伸练习者双臂。

图 2-5-5　跪立，挺胸下压

图 2-5-6　臂上举

图 2-5-7　向后拉肩振胸

## 脊椎

脊椎由 26 块椎骨组成，椎骨之间靠椎间盘连在一起。其中有 23 块椎体有椎间盘，椎骨之间由于椎间盘的弹性有少许转动，当肌肉牵动椎骨时，每一个椎骨少许转动的总合就使脊柱有了相当大的运动幅度。因此，脊柱能前屈、后倾、向右侧屈、向左侧屈及转动。

### （六）腰腹部柔韧性练习

**1. 弓箭步转体**

练习要求：两脚前后开立，向左后转，向右后转，来回转腰（图 2-5-8）。

**2. 体前屈**

练习要求：体前屈手握脚踝，尽量使头、胸、腹与腿相贴。

**3. 肩肘倒立下落成屈体肩肘撑**

练习要求：手臂保持好撑腰的位置，脚尖可以触地，练习时这一动作保持时间不宜过长。

图 2-5-8　弓箭步转体

**4. 分腿体前屈，双手从腿中间后伸**

练习要求：两腿分开伸直，手臂向前伸展。

**5. 分腿坐，脚高位体前屈**

练习要求：练习者坐在垫子上，两腿伸直将脚放到台阶或体操凳上，帮助者可适当用力压其背部助力压。

**6. 后桥**

练习要求：仰卧垫子上，推起成桥，逐渐缩小手与脚的距离。

**7. 向后甩腰**

练习要求：面对手扶肋木，向后踢腿甩腰。

**8. 俯卧撑交替举后腿**

练习要求：俯卧支撑，单腿向上提，上体尽量后抬成反弓形，双腿依次练习。

**9. 双人背向，双手头上握或互挽臂，互相背**

练习要求：一人半蹲，将同伴的臀部与自己腰部齐高时，将同伴背向背起。

**10. 后背伸展**

练习要求：平仰在地上，将膝关节紧紧地向胸部抱，一腿伸直，将另一腿向胸部抱紧。重复进行另一侧。

**（七）下肢柔软性练习**

**1. 竖叉**

练习要求：可独立前后振压，也可以将腿部垫高，由同伴帮助下压。

**2. 横叉**

练习要求：练习者仰卧在垫子上，屈腿或直腿都可以，由同伴扶腿部不断下压。

## 膝关节

膝关节由股骨远端、胫骨近端及髌骨后的关节面以及半月板构成，由内外侧副韧带、髌骨韧带、交叉韧带加固。膝关节的柔韧主要发展腿部后面肌群（股二头肌、半腱肌、半膜肌、小腿三头肌、胫骨后肌）的伸展性；发展屈膝能力主要发展腿部前面肌群（股四头肌、缝匠肌、胫骨前肌、踇长伸肌）的伸展性。

**3. 压腿**

练习要求：将脚放在一定高度上，另一腿站立，脚尖朝前，然后正压（勾脚）、侧压、后压。

**4. 踢腿**

练习要求：原地扶把杆或行进，正踢、侧踢、后踢。

### 踝关节

> 踝关节由距骨上关节面、胫骨内的踝关节面、胫骨下的关节面及腓骨外踝的关节面构成。踝关节前后韧带薄弱，而两侧的内、外侧副韧带较强。
> 体操运动员主要发展足背的绷脚面能力，常采用各种后足背的练习；足球运动员主要发展内、外翻的能力；举重运动员主要发展背屈的能力等。

**5. 摆腿**

练习要求：手扶肋木或把杆，向内、向外摆腿。

**6. 控腿**

练习要求：手扶支撑物体，前控、侧控、后控。

**7. 弓箭步压腿**

练习要求：两脚前后开立，前腿的大、小腿夹角成90°，后腿伸直，双手扶在前腿膝关节上，身体正直（图2-5-9）。

**8. 跪坐压脚面**

练习要求：双腿并拢跪在垫子上，臀部坐在双脚上，上体后仰（图2-5-10）。

图2-5-9　弓箭步压腿

图2-5-10　跪坐压脚面

**9. 股四头肌伸展**

练习要求：直立，用左手握住左踝，向后上方伸拉。慢慢地将左脚跟向臀部拉。重复做另一边。

**10. 内收肌伸展**

练习要求：两腿分开宽于肩。右膝略弯站立。进一步屈右膝，直到左腿内收肌有牵拉感。重复进行另一侧。

## （八）踝关节和足背部柔韧性练习

### 1. 小腿后群肌肉与跟腱拉伸

练习要求：

（1）两脚前后站立，前腿弓，后腿伸直，全脚掌着地，上体向后振压（图 2-5-11、图 2-5-12）。

（2）练习者手扶腰部高度的肋木，用前脚掌站在最下边的肋木杠上，利用体重上下压动，然后在踝关节弯曲角度最大时，停留片刻以拉长肌肉和韧带。

图 2-5-11　小腿后群肌肉与跟腱拉伸

图 2-5-12　后腿伸直，全脚掌着地

### 2. 足背拉伸

练习要求：

（1）练习者跪在垫子上，利用体重前后移动压足背，也可将足尖部垫高，使足背悬空做下压动作，增加练习时的难度。

（2）练习者坐在垫子上，在足尖部上面放置重物，压足背。

### 3. 做脚前掌着地的各种方向、各种速度的行走练习

练习要求：练习者提重心，用前脚掌着地，后脚跟不许着地。

## 影响柔韧的主要因素

1. 骨关节结构。
2. 跨过关节的肌肉、肌腱、韧带。
3. 关节周围组织的大小。
4. 年龄与性别。
5. 疲劳程度。
6. 温度。
7. 神经过程转换的灵活性。
8. 活动范围。
9. 心理因素。

### 三、柔韧素质练习的注意事项

柔韧性练习必须根据专项特点和练习者的具体情况安排,如跳跃项目主要要求腿部和髋部的柔韧性;游泳项目主要要求踝关节和躯干柔韧性;体操项目主要要求肩、髋、腰、腿部的柔韧性。因此,在全面发展身体各部位柔韧性的基础上,要重点练习本专项所需要的几个部位的柔韧性。另外,练习者的具体情况不一样,在进行柔韧素质练习过程中必须区别对待,突出针对性,应用性,这样才能收到良好的练习效果。在练习时应注意以下事项:

(1) 循序渐进,持之以恒。
(2) 柔韧性练习要因项、因人而异。
(3) 柔韧素质的发展应与力量素质发展相适应。
(4) 柔韧素质的发展要兼顾相互关联的身体各个部位。
(5) 柔韧素质练习要注意外界温度与练习的时间。
(6) 柔韧性练习之后应结合放松练习。
(7) 柔韧素质的发展要从小培养。
(8) 柔韧练习时要防止受伤。

## 第六节　快速敏捷之灵敏素质

灵敏素质是协调发挥各种身体素质能力,提高技术动作质量和创造优异运动成绩的重要条件。它在各个运动项目中的作用主要有两点:第一,能够保证运动时准确、熟练、协调地完成动作,取得优异运动成绩;第二,能够灵活、巧妙地战胜对手,取得比赛的胜利。

### 一、灵敏素质的概念

灵敏素质是指人体在条件突然变化下,能够迅速、准确、协调、灵活地完成动作的能力,是人各种运动技能和身体素质在运动中的综合表现。灵敏素质分为一般灵敏素质和专项灵敏素质,前者指适应一般活动的灵敏素质,后者指符合专项需求的特殊灵敏素质。

大脑皮层神经活动过程的灵活性及分析综合能力,是灵敏素质的重要生理基础,因此可通过训练改善和提高各感受器官功能,以增强灵敏素质。此外,在体育锻炼的实践中,掌握的运动技能越多就越熟练,大脑皮层中暂时神经联系的接通就越迅速、准确,动作也愈灵巧。灵敏是人体各种运动能力在运动过程中的综合体现,良好的灵敏性不但有助于更快、更多、更准确、更协调地掌握技术和练习手段,而且可以使已有的身体素质充分、有效地运用到实践中,增加随机应变的能力。

## 二、发展灵敏素质的方法

灵敏素质是人体综合能力的表现,发展灵敏素质必须从全面发展身体素质的综合能力入手,重点培养掌握动作的能力、反应能力、平衡能力等。

### (一)灵敏素质练习的主要手段

(1)在跑、跳中做迅速改变方向的各种跑、躲闪、突然启动以及各种快速急停和迅速转体练习等。

(2)做各种调整身体方位的练习。

(3)做专门设计的各种复杂多变的练习。如用"之字跑""躲闪跑""穿梭跑"和"立卧撑"四项组成的综合性练习。

(4)绳梯练习,各种绳梯跑跳练习,多用于球类项目训练。

(5)以非常规姿势完成的练习,如侧向或倒退跳远、跳深等。

(6)限制完成动作的空间练习,如在缩小的球类运动场地进行练习。

(7)改变完成动作的速度或速率的练习,如变换动作频率或逐步增加动作的频率。

(8)做各种变换方向的追逐性游戏和对各种信号做出应答反应的游戏等。

### (二)灵敏素质练习的途径

发展灵敏素质是提高运动能力的一个非常重要的方面,在发展灵敏素质过程中,应该注意到:提高力量、速度、耐力、柔韧素质等是发展灵敏素质的基础;竞技体操、武术、技巧、滑冰、滑雪、各种球类运动都是发展灵敏素质的有效项目;在专项练习复杂化的条件下反复练习与专项运动性质相似的动作,是发展专项灵敏素质的有效途径。发展灵敏素质的途径主要包括徒手练习、器械练习、组合练习和游戏等。

### (三)灵敏素质的主要练习方法

**1. 提高反应判断的练习**

(1)按口令做相反的动作。

练习要求:练习者听到口令后做出与口令相反的动作或方向。

(2)按有效口令做动作。

练习要求:练习者听到口令迅速做出与口令一致的动作或方向。

(3)原地、行进间或跑步中听口令做动作。

练习要求:练习者听到口令后迅速做出相应动作。

(4)一对一追逐模仿。

练习要求：两人一组练习，前后或左右站立，以一人为主领跑，另一人学习，领跑者随意做出各种动作，另一人快速模仿。

(5)听信号或看手势急跑。

练习要求：练习者在指挥员的指挥下，迅速做出判断，按照指示方向做快速跑。

(6)急停、转身、变换方向的练习。

练习要求：用标志桶设置不同障碍，练习者按要求一次完成。

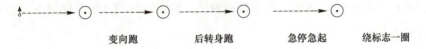

变向跑　　　后转身跑　　　急停急起　　　绕标志一圈

### 绳梯训练（敏捷梯训练）的含义

> 在篮球、足球、拳击、橄榄球的训练中常常会看到他们进行一种训练——绳梯训练（敏捷梯训练）。
>
> 绳梯训练是一种利用梯形绳索来训练脚步，灵活性，敏捷性的训练方法。
>
> 绳梯训练（敏捷梯训练）的作用：敏捷梯为脚步练习的主要工具，对很多项需要脚步快速移动的运动项目如篮球、足球、排球、网球等都有很大的帮助。
>
> 1. 敏捷梯能提高快速脚步移动能力；能提高身体的灵活性，平衡性和协调性。
>
> 2. 敏捷梯的锻炼能增强脚底肌肉，踝关节和膝关节的小肌肉群功能，降低下肢受伤概率，能提高身体运动的节奏性。
>
> 3. 梯子是最通用的培训工具，可以帮助提高多方位的速度和加速度。一遍又一遍地演练梯子，会增加神经系统对速度的记忆，在必要时做出各个方向的快速移动。
>
> 敏捷梯的优势特点：可以自由组合花样，训练方式多种多样，便捷实用，适于收起，随时移动和携带。适用室内和室外条件不同的场地。

(7)听信号的各种姿势起跑。

练习要求：用各种不同姿势开始，听信号起跑，做短距离加速跑。

(8)软梯（图2-6-1）。

练习要求：通过软梯做各种脚步练习，由慢到快，由简到繁。

练习建议：以上练习都是反应速度的练习，练习时可以循序渐进，从简单内容开始，逐渐增加难度。

### 2. 发展平衡能力练习

（1）推手。

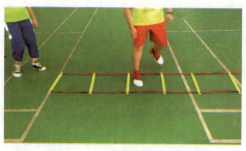

图 2-6-1　通过软梯做脚步练习

练习要求：一对一面向站立，双手直臂相触，虚实结合相互推，使对方失去平衡。

（2）拉手角力。

练习要求：一对一弓箭步牵手互换面向站立，虚实结合互推互拉使对方失去平衡。

## 平衡能力

> 平衡能力是身体素质的一种，是指抵抗破坏平衡的外力，以保持全身处于稳定状态的能力。人的任何运动几乎都是在维持身体平衡的状态下进行的，尤其是大肌肉的活动，更需要有较好的平衡能力。发展平衡能力有利于提高运动器官的功能和前庭器官的机能，改善中枢神经系统对肌肉组织与内脏器官的调节功能，保证身体活动的顺利进行，提高适应复杂环境的能力和自我保护的能力。发展平衡能力一般可以通过静态的平衡活动和动态的平衡活动来进行。例如，单脚站立，用前脚掌支撑地面站立，半蹲等，这些属于静态的平衡活动；而走步，用前脚掌走，曲线或障碍跑，立定跳远，在较窄的平衡板上行走，原地转圈后停下来等，则属于动态的平衡活动。这些，都可以与调整素质中的其他能力要素结合起来综合地进行培养。

（3）各种站立平衡。

练习要求：单足站立在平衡球上，另一腿提膝抬平，同时写数字从 1～20。

（4）俯平衡、搬腿平衡、侧平衡。

练习要求：练习者把动作做到位，并保持一定的时间。

（5）头手倒立，肩肘倒立、手倒立停一定时间。

练习要求：练习者把动作做到位，并保持一定的时间。

（6）在肋木上横跳；上下跳练习。

练习要求：跳上肋木后保持好身体平衡，然后跳下，反复练习。

(7) 做动作或急跑中听信号完成突停动作。

练习要求：听信号急停急起练习，急停后在原地做原地跑，听到信号后迅速启动做加速跑。

(8) 在平衡木上做一些简单动作。

练习要求：在平衡木上做走、跑、跳、横向移动等简单练习。初学者可选择低平衡木，以免受伤。

(9) 发展旋转的平衡能力练习。

练习要求：在练习时应做到由简到繁、由易到难，体操类平衡练习要有保护与帮助，肋木上的练习可以以地面划线开始，熟练后上肋木，需要做好保护与帮助。

**3. 发展协调能力的练习**

(1) 一对一背相互挽臂蹲跳进、跳转；模仿动作练习。

练习要求：两人练习须动作、幅度、节奏一致。

(2) 各种徒手操练习。

练习要求：动作标准到位，手脚协调配合。

(3) 双人头上拉手向同方向连续转。

练习要求：两人面对面，手拉手，向同一方向反转前进。

(4) 脚步移动练习。

练习要求：移动时要做到步幅小、频率快。

(5) 双人跳绳。

练习要求：一带一双人跳绳，单摇或双摇，也可选择两人左右站立跳绳，两人两绳跳绳。

(6) 做不习惯方向的动作。

练习要求：按要求做一些不习惯动作，反复练习。

(7) 选用健美操、体育舞蹈中的一些动作。

练习要求：动作标准到位，由慢到快，由简到繁练习。

练习建议：练习时要由慢到快，也可以在统一指令下练习，逐渐加快速度，取消指挥练习。

**灵敏素质的发展水平主要从以下三个方面进行评价**

第一，是否具有快速的反应、判断、躲闪、转身、翻转、维持平衡和随机应变的能力。

第二，在完成动作时，是否能自如地操纵自己的身体，在任何不同的条件下都能准确完成动作。

> 第三，是否能把力量（爆发力）、速度（反应速度）、耐力、协调性、节奏感等素质技能通过熟练的动作综合表现出来。客观实践证明，具有高度灵敏素质的人，可以随心所欲地控制自己的运动器官，准确地完成动作。

### 4. 灵敏性游戏

在灵敏性游戏的设计、选择、运用中，要注意把思维判断、快速反应、协调动作、节奏感等内容有机地结合起来。进行游戏时，要严格执行规则，防止投机取巧，要遵守纪律，注意安全。

（1）游戏名称：形影不离。

游戏方法：两人一组，并肩而站。右侧的人自由变换位置和方向，站在左侧的人必须及时跟进，一直站在其右侧位置。

要求：随机应变，快速移动。

（2）游戏名称：照着样子做。

游戏方法：两人一组，其中一人做站立或活动中的各种动作，并不断更换花样，另一人需要照着他的样子做。

要求：领做者随意发挥，照做者模仿逼真。

（3）游戏名称：单、双数互追。

游戏方法：练习者按单、双数分成两组迎面相距 1～2 m 坐下，当教练喊"单数"时，单数追双数，双数转身向后跑开 20 m；当教练喊"双数"时，双数追单数，单数转身向后跑开。

要求：判断准确，启动迅速。

（4）游戏名称：老鹰抓小鸡。

游戏方法："小鸡"跟在"母鸡"背后，用手扶住前面人的髋。"老鹰"站在"母鸡"前面要抓后面的"小鸡"，"母鸡"伸开双臂设法阻止。

要求：斗智斗勇，巧用心计。

（5）游戏名称：围圈打鸭子。

游戏方法：分成两组进行游戏，一组当"鸭子"在圈中活动，另一组作为"猎人"围在圈外，用 2～3 个软排或排球掷球，打圈中的"鸭子"（只准打腿部），被击中的"鸭子"出圈当"猎人"，全部被打中后两组互换。

要求：眼观六路，耳听八方，掷球准确，躲闪机灵。

（6）游戏名称：传球触人。

游戏方法：参加者分散站在篮球场内。两个引导人利用传球不断移动，追逐场上参加者并以球触及场内闪躲逃跑的参加者,凡被球触及者参加传球,直到场上参加人员全部被触及为止。

要求:传球者不得运球、走步违例;闪逃者不准踩线或跑出界外。

## 三、灵敏素质练习的注意事项

### (一)影响灵敏素质的因素

影响灵敏素质的因素是多种多样的,其中主要有解剖、生理、心理、运动经验及其他身体素质发展水平等。

**1. 解剖因素**

(1)体型。由于各体育项目不同,要求运动员的体型也就不同,所以从身体形态来看有其显著的项目特点,也就是说专项运动技能与身体形态相一致。如体操运动员的形态特点:个矮、体轻躯短、腿长、肩宽臂粗长,之所以需要这样的体型,是因为体操运动员在完成许多动作时,要克服自身体重,个矮体轻则省力,肩宽臂粗长有利于用上肢完成大部分动作,躯短腿长有利于动作幅度,这样的体型无疑是从事体操的最佳体型。再如,举重运动员要求矮、粗、宽、厚的体型,这样的体型有利于用强大的爆发力控制杠铃维持身体平衡。篮、排球由于篮高、网高的限定,要求运动员的身材高大。足球运动员由于场地大、范围广,要求速度快、耐力强、动作灵活、反应快,并能充分利用合理冲撞,所以选身高、体重在中上等的、下肢有力的运动员(当然身材高的、体重重的而且灵活的更好)。跳高运动员则要求瘦高个、躯短、下肢长的运动员,下肢长、重心高、摆动半径大获反作用力大,身瘦体轻有利于空中控制身体顺利过竿。

因此不好说哪一种体型的人灵敏素质好,哪一种体型的人灵敏素质差,但就一般人而言:过高而瘦长的、过胖的或梨形体型的人缺乏灵敏性,"O"形腿、"X"形腿的人缺乏灵活性,肌肉发达的中等或中等以下身高的人,往往有高度的控制力而表现得非常灵活。

(2)体重。体重的公式:

$$体重=脂肪+肌细胞+水+矿物质$$

体重的增长以脂肪和肌细胞的增长最为显著,脂肪的增长是每日进食超过一天所需能量,其多余部分转变为脂肪,而肌细胞的增长是通过锻炼,锻炼促进肌细胞增长。脂肪过多影响肌肉收缩效率,增加了不必要的体重等于增加了运动时的阻力,从而影响了身体的灵活性,因此必须进行合理的训练增加肌肉比重,再配以低卡进食逐渐减少脂肪。

**2. 生理因素**

(1)大脑皮质神经过程的灵活性。高度的灵敏素质是在其巩固的运动技能基础上表现出来的,也就是在大脑皮层分析综合能力高度发展的情况下体现的。大脑皮层的分析综合能力是在时间和空间上紧密结合进行的,因此在学习每一个动作时都要按一定顺序进行,大脑皮层概括动作的难易度所给予的刺激也按一定顺序正确地反映出来,多次重复会形成熟练动作。如三步上篮,视觉判断上篮时的距离及篮的高度,位觉感觉起跳后身体空间方位,皮肤触觉感知地面硬度及手投篮的力量,这些刺激所引起的兴奋传到大脑皮层相应区,都按严格的时间和顺序产生兴奋、抑制,经过多次强化,各感觉中枢与运动中枢的动觉细胞产生暂时联系而形成运动技能。通过大量动作练习形成许多熟练的运动技能,把这些动作变换,并在变化的环境中完成,可以使大脑皮层的兴奋和抑制的转换能力加强,从而提高大脑皮层神经过程的灵活性。这样在任何条件下,任何环境中都能熟练地把这些动作表现出来。

运动实践证明,每一项体育运动都需要某些专门的技能(如篮球的传球、运球、投篮;足球的传递、带球、射闪、射门;体操的空翻、回环、倒立、全旋等),只有掌握了这些专门的技能,并且运用自如,才能成为本专项的优秀运动员。而灵敏素质寓于这些运动技能中,以运动形式的灵活熟练表现出来。因此基本动作、基本技术掌握得越多越熟练,学习新的动作越快,在战术运用中也更富有创造力,人也显得灵活,随机应变能力更强,从而表现的灵敏素质也更高。

(2)运动分析器的功能。人体在完成做动作时,肌肉产生收缩,通过肌肉肌梭(感知肌纤维长度、张力变化)、腱梭(感知牵张变化)产生的兴奋传入神经中枢进行分析综合活动而感知身体在空间的位置、姿势以及身体各部位的运动情况,并与视觉、位觉、触觉以及内感受器相互作用,产生空间方位感觉。在肌肉感觉及空间方位感觉的基础上,大脑皮层才能随环境变化调节肌紧张,以保证实现各种协调精确的动作。运动分析得越完善,则运动员对肌肉活动用力大小、快慢的分析能力越高,完成动作时间的判断越精确。有些运动员即使闭上眼睛也能完成某些动作,这就是运动分析的作用。

在运动实践中,有的运动员脚表现得灵活,有的手表现得灵活,这是因为经常使用那些部位,那些部位也就表现得较灵活,乒乓球运动经常用右手的则右手灵活,经常用左手的则左手灵活。篮球运动员要求左右手运球、投篮都应灵活,足球运动中要求左右脚射门、带球都应灵活,体操运动员习惯一个方向的转体,一个方向的全旋等,这是因为支配该部位运动器官的神经中枢的分析综合能力高度完善的原因。

### 3. 心理情绪

人的情绪在高涨时显得特别灵敏,而情绪低落时,灵敏性也会降低。

由于练习比赛环境的变化及其他生理、心理原因会导致情绪的变化,可能会过度兴奋,使兴奋扩散不能集中,造成身体失控;也可能过度抑制,精神不振,造成动作无力不协调。因此一个优秀的运动员应学会自我情绪的调节,使自己在竞技状态中具有相适宜的情绪。当处于这种状态时,运动员头脑清楚,身体充满力量,对完成动作充满信心,身体觉得轻快灵活。如篮球运动员怎么投篮怎么进，体操运动员无论完成什么动作都感到控制自如，足球运动员感到球在自己脚下随心所欲等，达到这种情况除身体素质好、技术熟练外，主要是良好情绪的作用。但这种状态有时不是人的意识所能预计的，应加强心理训练，提高对环境的适应能力和学会调节自然情绪等方法。

### 4. 运动经验及其他身体素质发展水平等

（1）运动技术的熟练及运动经验的丰富。实践证明，掌握基本技术越多、越熟练，不仅学习新的运动技能快，而且技术运用也显得更灵活，更富有创造力，表现出的灵敏素质也就越高。由于长期学习、运用各种技术动作和提高运动技能，可以丰富人的运动实践经验，增加身体素质和技术动作"储备"，从而促进灵敏素质水平的不断提高。

（2）其他身体素质发展水平。灵敏素质是人体的力量、速度、耐力、柔韧以及协调性等能力的综合表现。上述在神经中枢调控下的肌肉活动能力与灵敏素质有密切关系，其中任何一种身体素质较差，对灵敏素质的提高都会造成不利影响。

### （二）前庭分析器的机能

前庭器官是指内耳迷路中除耳蜗外，还有三个半规管、椭圆囊和球囊，这三者合称为前庭器官，是人体对自身运动状态和头在空间位置的感受器。当机体进行旋转或直线变速运动时，速度的变化（包括正、负加速度）会刺激三个半规圆或椭圆囊中的感受细胞。

前庭分析器对空翻、转体及维持身体平衡、变换身体的方向位置的灵活性有很大作用。

前庭分析器包括耳面装置和三个半规管。下面主要介绍三个半规管的作用。三个半规管在颅内相互垂直，所以当身体朝任何方向旋转时，半规管都能接受刺激，调整身体的平衡，但三个半规管接受的刺激是不一样的。当作横轴（向前或向后）翻转时，水平和横面内的半规管的内淋巴液在翻转开始和结束时，对壶腹内毛细胞起作用，而纵面内的半规管的内淋巴液作圆的滚动，由于翻转惯性内淋巴液在整个翻转过程中起作用，所以滚横轴翻转时，纵面内的半规管（前半规管）起主要作用。同样，围绕纵轴转体时，水平面内的半规管（外半规管）起主要作用。作矢状轴翻转时，横面内的半规管（后半规管）起主要作用。如果完成空翻转体动作时，要求三个半规管的转换能力要强。由于前庭分析器的作用，身体在翻转时，才能感知身体在空间位置的变化，并借助各种反射来调节肌紧张以完成翻转动作。

体操动作、跳水动作对前庭分析器的要求较高，所以从事体操练习、绷床、小弹板等练习能提高改进前庭分析器的机能，因此体操中的一些练习可用于提高其他项目运动员的灵敏素质的辅助练习。

前庭分析器对空翻、转体及维持身体平衡、变换身体的方向位置的灵活性有很大作用。

前庭分析器包括耳面装置和三个半规管。下面主要介绍三个半规管的作用。

三个半规管在颅内相互垂直，所以当身体朝任何方向旋转时，半规管都能接受刺激，调整身体的平衡，但三个半规管接受的刺激是不一样的。当作横轴（向前或向后）翻转。

### （三）发展灵敏素质的注意事项

灵敏素质是人体综合能力的反映，受遗传因素影响很大。为了提高灵敏素质，教练员应尽可能采取逐渐增加复杂程度的练习方式，也可以通过改变条件、器械、器材等方式增加技术动作的复杂性和难度。同时，还应着重培养和提高运动员掌握动作的能力、反应能力、平衡能力、观察能力、节奏感等。练习时应注意以下事项：

（1）灵敏性的全面提高有赖于多建立有严格要求的条件反射。也就是说，学会正确的、随意的动作，越多越好。因此，要重视学习和掌握各种运动技能。

（2）灵敏素质是由大脑皮层神经活动过程的可塑性和灵活性所决定的，前者表现为对动作的掌握能力，后者表现为对参加运动肌群的控制、指挥能力。灵敏素质与复杂的运动反射速度及准确性密切相关，这要求练习时要有较强烈的欲望，要有明确的目标追求，减少不动脑筋的盲目重复练习。

（3）发展灵敏素质应在体力较好时进行锻炼，练习负荷强度要大，每次负荷持续时间不宜过长，重复次数也不宜太多，间歇时间要充分，以不产生疲劳为限度。

（4）人在疲劳时灵敏性会变差。因此，不断提高自己的耐力水平，对保持灵敏性有积极的作用。

（5）灵敏素质是一种综合素质，与力量、速度、协调等素质有密切关系，反应速度、动作速度、爆发力和协调性等对灵敏素质影响最大。因此，发展灵敏素质应从这些基本因素着手，可结合所锻炼项目的运动特点，设计切合自己实际的锻炼内容。

（6）灵敏素质应从小抓起，少儿年龄阶段是发展灵敏素质的关键时期。同时，在发展灵敏素质时，应加强心理素质培养，避免由于紧张和恐惧心理而导致反应迟钝，动作的协调性下降，影响正常动作的发挥。

## 第七节　了解自己

### 一、认知自己

积极参与各种体育活动并形成自觉锻炼的习惯，学会制定简单易行的个人锻炼计划。

熟练掌握两项以上体育运动方法和技能，提高运动能力。能测试和评价自身体质健康状况，为终身体育奠定良好的基础。

## 二、体质锻炼达标

教育部要求每年第一学期，在9～11月完成体质健康测试。对身高、体重、肺活量、50 m跑、立定跳远、坐位体前屈、男生1 000 m跑、引体向上、女生800 m跑、仰卧起坐等项目进行测试。只要坚持科学的体育锻炼，做好计划、制定好目标，都能取得良好的成绩。

表2-7-1至表2-7-6为体育锻炼记录——成长手册，可以在表里记录自己的成长。

表 2-7-1 体育锻炼记录——成长手册

| 一年级第一学期 体育锻炼记录——成长手册 |||||||||||
|---|---|---|---|---|---|---|---|---|---|---|
| 学期锻炼计划、目标 |||||||||||
| 周次 | 体育课 || 校内课外体育活动 || 校外体育活动 || 假期、休息日 || 体重监测 |
| | 锻炼项目 | 活动时间 | 锻炼项目 | 活动时间 | 锻炼项目 | 活动时间 | 锻炼项目 | 活动时间 | 周体重/kg |
| 1 | | | | | | | | | |
| 2 | | | | | | | | | |
| 3 | | | | | | | | | |
| 4 | | | | | | | | | |
| 5 | | | | | | | | | |
| 6 | | | | | | | | | |
| 7 | | | | | | | | | |
| 8 | | | | | | | | | |
| 9 | | | | | | | | | |
| 10 | | | | | | | | | |
| 11 | | | | | | | | | |
| 12 | | | | | | | | | |
| 13 | | | | | | | | | |
| 14 | | | | | | | | | |
| 15 | | | | | | | | | |
| 16 | | | | | | | | | |
| 17 | | | | | | | | | |
| 18 | | | | | | | | | |
| 学期小结 | | | | | | | | | |

表 2-7-2  体育锻炼记录——成长手册

| 一年级第二学期 体育锻炼记录——成长手册 | | | | | | | | | | |
|---|---|---|---|---|---|---|---|---|---|---|
| 学期锻炼计划、目标 | | | | | | | | | | |
| | | | | | | | | | | |
| 周次 | 体育课 | | 校内课外体育活动 | | 校外体育活动 | | 假期、休息日 | | 体重监测 | |
| | 锻炼项目 | 活动时间 | 锻炼项目 | 活动时间 | 锻炼项目 | 活动时间 | 锻炼项目 | 活动时间 | 周体重/kg | |
| 1 | | | | | | | | | | |
| 2 | | | | | | | | | | |
| 3 | | | | | | | | | | |
| 4 | | | | | | | | | | |
| 5 | | | | | | | | | | |
| 6 | | | | | | | | | | |
| 7 | | | | | | | | | | |
| 8 | | | | | | | | | | |
| 9 | | | | | | | | | | |
| 10 | | | | | | | | | | |
| 11 | | | | | | | | | | |
| 12 | | | | | | | | | | |
| 13 | | | | | | | | | | |
| 14 | | | | | | | | | | |
| 15 | | | | | | | | | | |
| 16 | | | | | | | | | | |
| 17 | | | | | | | | | | |
| 18 | | | | | | | | | | |
| 学期小结 | | | | | | | | | | |

## 第七节 了解自己

表 2-7-3 体育锻炼记录——成长手册

| 二年级第一学期 体育锻炼记录——成长手册 |||||||||||
|---|---|---|---|---|---|---|---|---|---|---|
| 学期锻炼计划、目标 |||||||||||
|  |||||||||||
| 周次 | 体育课 || 校内课外体育活动 || 校外体育活动 || 假期、休息日 || 体重监测 |
| | 锻炼项目 | 活动时间 | 锻炼项目 | 活动时间 | 锻炼项目 | 活动时间 | 锻炼项目 | 活动时间 | 周体重/kg |
| 1 | | | | | | | | | |
| 2 | | | | | | | | | |
| 3 | | | | | | | | | |
| 4 | | | | | | | | | |
| 5 | | | | | | | | | |
| 6 | | | | | | | | | |
| 7 | | | | | | | | | |
| 8 | | | | | | | | | |
| 9 | | | | | | | | | |
| 10 | | | | | | | | | |
| 11 | | | | | | | | | |
| 12 | | | | | | | | | |
| 13 | | | | | | | | | |
| 14 | | | | | | | | | |
| 15 | | | | | | | | | |
| 16 | | | | | | | | | |
| 17 | | | | | | | | | |
| 18 | | | | | | | | | |
| 学期小结 | | | | | | | | | |
| | | | | | | | | | |

## 第二章 体 能

表 2-7-4 体育锻炼记录——成长手册

| 二年级第二学期 体育锻炼记录——成长手册 ||||||||||
|---|---|---|---|---|---|---|---|---|---|
| 学期锻炼计划、目标 ||||||||||
|  ||||||||||
| 周次 | 体育课 || 校内课外体育活动 || 校外体育活动 || 假期、休息日 || 体重监测 |
| | 锻炼项目 | 活动时间 | 锻炼项目 | 活动时间 | 锻炼项目 | 活动时间 | 锻炼项目 | 活动时间 | 周体重/kg |
| 1 | | | | | | | | | |
| 2 | | | | | | | | | |
| 3 | | | | | | | | | |
| 4 | | | | | | | | | |
| 5 | | | | | | | | | |
| 6 | | | | | | | | | |
| 7 | | | | | | | | | |
| 8 | | | | | | | | | |
| 9 | | | | | | | | | |
| 10 | | | | | | | | | |
| 11 | | | | | | | | | |
| 12 | | | | | | | | | |
| 13 | | | | | | | | | |
| 14 | | | | | | | | | |
| 15 | | | | | | | | | |
| 16 | | | | | | | | | |
| 17 | | | | | | | | | |
| 18 | | | | | | | | | |
| 学期小结 | | | | | | | | | |
|  | | | | | | | | | |

## 第七节　了解自己

表 2-7-5　体育锻炼记录——成长手册

| 三年级第一学期 体育锻炼记录——成长手册 ||||||||||
|---|---|---|---|---|---|---|---|---|---|
| 学期锻炼计划、目标 ||||||||||
| | | | | | | | | | |
| 周次 | 体育课 || 校内课外体育活动 || 校外体育活动 || 假期、休息日 || 体重监测 |
| | 锻炼项目 | 活动时间 | 锻炼项目 | 活动时间 | 锻炼项目 | 活动时间 | 锻炼项目 | 活动时间 | 周体重/kg |
| 1 | | | | | | | | | |
| 2 | | | | | | | | | |
| 3 | | | | | | | | | |
| 4 | | | | | | | | | |
| 5 | | | | | | | | | |
| 6 | | | | | | | | | |
| 7 | | | | | | | | | |
| 8 | | | | | | | | | |
| 9 | | | | | | | | | |
| 10 | | | | | | | | | |
| 11 | | | | | | | | | |
| 12 | | | | | | | | | |
| 13 | | | | | | | | | |
| 14 | | | | | | | | | |
| 15 | | | | | | | | | |
| 16 | | | | | | | | | |
| 17 | | | | | | | | | |
| 18 | | | | | | | | | |
| 学期小结 | | | | | | | | | |
| | | | | | | | | | |

# 第二章 体　能

表 2-7-6　体育锻炼记录——成长手册

| 周次 | 三年级第二学期<br>体育锻炼记录——成长手册 ||||||||||
|---|---|---|---|---|---|---|---|---|---|---|
| | 学期锻炼计划、目标 ||||||||||
| | 体育课 || 校内课外<br>体育活动 || 校外体<br>育活动 || 假期、休息日 || 体重<br>监测 |
| | 锻炼<br>项目 | 活动<br>时间 | 锻炼<br>项目 | 活动<br>时间 | 锻炼<br>项目 | 活动<br>时间 | 锻炼<br>项目 | 活动<br>时间 | 周体重<br>/kg |
| 1 | | | | | | | | | |
| 2 | | | | | | | | | |
| 3 | | | | | | | | | |
| 4 | | | | | | | | | |
| 5 | | | | | | | | | |
| 6 | | | | | | | | | |
| 7 | | | | | | | | | |
| 8 | | | | | | | | | |
| 9 | | | | | | | | | |
| 10 | | | | | | | | | |
| 11 | | | | | | | | | |
| 12 | | | | | | | | | |
| 13 | | | | | | | | | |
| 14 | | | | | | | | | |
| 15 | | | | | | | | | |
| 16 | | | | | | | | | |
| 17 | | | | | | | | | |
| 18 | | | | | | | | | |
| 学期<br>小结 | | | | | | | | | |

## 三、国家学生体质健康标准

### (一)《国家学生体质健康标准》的基本内涵

《国家学生体质健康标准》的内涵是测量学生体质健康状况和锻炼效果的评价标准,是国家对不同年龄段学生体质健康方面的基本要求,是学生体质健康的个体评价标准。健康的概念包括身体健康、心理健康和社会适应。《国家学生体质健康标准》涵盖的是与学校体育密切相关的学生身体健康范畴。为了界定其内涵,又为了避免与三维的健康概念混淆,故将"体质"作为"健康"的定语以示其内涵。

### (二)《国家学生体质健康标准》的健康标准

为建立健全国家学生体质健康监测评价机制,激励学生积极参加身体锻炼,教育部印发《国家学生体质健康标准(2014年修订)》,要求各学校每学年开展覆盖本校各年级学生的体质健康标准测试工作,并根据学生学年总分评定等级。只有达到良好及以上的学生,方可参加评优与评奖。

新修订的《国家学生体质健康标准》适用于全日制普通小学、初中、普通高中、中等职业学校、普通高等学校的学生,将学生按照年级划分为不同组别,身体形态类中的身高、体重,身体机能类中的肺活量,以及身体素质类中的50 m跑、坐位体前屈为各年级学生共性指标。

(1)《国家学生体质健康标准》(以下简称《标准》)是国家学校教育工作的基础性指导文件和教育质量的基本标准,是评价学生综合素质、评估学校工作和衡量各地教育发展的重要依据,是《国家体育锻炼标准》在学校的具体实施。

(2)本标准的修订坚持健康第一,落实《国家中长期教育改革和发展规划纲要(2010—2020年)》《国务院办公厅转发教育部等部门关于进一步加强学校体育工作若干意见的通知》(国办发〔2012〕53号)和《教育部关于印发〈学生体质健康监测评价办法〉等三个文件的通知》(教体艺〔2014〕3号)有关要求,着重提高《标准》应用的信度、效度和区分度,着重强化其教育激励、反馈调整和引导锻炼的功能,着重提高其教育监测和绩效评价的支撑能力。

(3)本标准从身体形态、身体机能和身体素质等方面综合评定学生的体质健康水平,是促进学生体质健康发展、激励学生积极进行身体锻炼的教育手段,是国家学生发展核心素养体系和学业质量标准的重要组成部分,是学生体质健康的个体评价标准。

(4)本标准将适用对象划分为以下组别:小学、初中、高中按每个年级为1组,其中小学为6组、初中为3组、高中为3组。大学一、二年级为1组,三、四年级为1组。

(5)小学、初中、高中、大学各组别的测试指标均为必测指标。其中,身体形态类中的身高、体重，身体机能类中的肺活量，以及身体素质类中的 50 m 跑、坐位体前屈为各年级学生共性指标。

（6）本标准的学年总分由标准分与附加分之和构成，满分为 120 分。标准分由各单项指标得分与权重乘积之和组成，满分为 100 分。附加分根据实测成绩确定，即对成绩超过 100 分的加分指标进行加分，满分为 20 分；小学的加分指标为 1 min 跳绳，加分幅度为 20 分；初中、高中和大学的加分指标为男生引体向上和 1 000 m 跑，女生 1 min 仰卧起坐和 800 m 跑，各指标加分幅度均为 10 分。

（7）根据学生学年总分评定等级：90.0 分及以上为优秀，80.0～89.9 分为良好，60.0～79.9 分为及格，59.9 分及以下为不及格。

（8）每个学生每学年评定一次，记入《〈国家学生体质健康标准〉登记卡》（附表 1～6）。特殊学制的学校，在填写登记卡时可以按规定和需求相应地增减栏目。学生毕业时的成绩和等级，按毕业当年学年总分的 50% 与其他学年总分平均得分的 50% 之和进行评定。

（9）学生测试成绩评定达到良好及以上者，方可参加评优与评奖；成绩达到优秀者，方可获体育奖学分。测试成绩评定不及格者，在本学年度准予补测一次，补测仍不及格，则学年成绩评定为不及格。普通高中、中等职业学校和普通高等学校学生毕业时，《标准》测试的成绩达不到 50 分者按结业或肄业处理。

（10）学生因病或残疾可向学校提交暂缓或免予执行《标准》的申请，经医疗单位证明，体育教学部门核准，可暂缓或免予执行《标准》，并填写《免予执行＜国家学生体质健康标准＞申请表》，存入学生档案。确实丧失运动能力、被免予执行《标准》的残疾学生，仍可参加评优与评奖，毕业时《标准》成绩需注明免测。

（11）各学校每学年开展覆盖本校各年级学生的《标准》测试工作，《标准》测试数据经当地教育行政部门按要求审核后，通过"中国学生体质健康网"上传至"国家学生体质健康标准数据管理系统"。测试和数据上传时间由教育行政部门确定。

（12）本标准由教育部负责解释。

### （三）《国家学生体质健康标准》的基本功能

《标准》名称的外延涉及其激励和教育功能、反馈功能和引导锻炼功能。

### （四）《国家学生体质健康标准》的教育激励作用

《标准》是促进学生体质健康发展、激励学生积极进行身体锻炼的教育手段。所选用的指标可以反映与身体健康关系密切的身体成分、心血管系统功能、肌肉的力量和耐力以及关节和肌肉的柔韧性等要素的基本状况。《标准》的实施将使学生和社会能够对影响身体健康的主要因素有一个更加明确的认识和理解，引导人们积极追求身体的健康状态，实现学校体育的目标。《标准》实施办法还规定，对达到合格以上等级的学生颁发证章，以激励学生对体育锻炼的内在积极性。

### （五）《国家学生体质健康标准》的反馈调整功能

《标准》是学生体质健康的个体评价标准，并规定了各校应将每年测试的数据按时上报至国家学生体质健康标准数据管理系统，该系统具有按各种要求进行统计、分析、检索的功能，并定期向社会公告。该系统为学生及其家长提供了在线查询和在线评估服务，向学生提供了个性化的身体健康诊断，使学生能够在准确地了解自己体质健康状况的基础上进行锻炼；该系统还可为各级政府机关、教育行政部门、学校提供翔实的统计和分析数据，使之了解学生的体质健康状况，及时采取科学的干预措施。

### （六）《国家学生体质健康标准》的引导和锻炼功能

引导和锻炼功能：新的《标准》增加了一些简便易行，锻炼效果较好的项目，并提高了部分锻炼项目指标的权重，对引导学生进行体育锻炼具有较强的实效性；同时通过国家学生体质健康标准数据管理系统，学生还可以查询到针对性较强的运动处方，进行科学的体育锻炼，提高身体健康水平（表2-7-7）。

表 2-7-7　项目及指数

| 测试对象 | 单项指标 | 权重/% |
| --- | --- | --- |
| 小学一年级至大学四年级（必测） | 体重指数（BMI） | 15 |
| | 肺活量 | 15 |
| 中职阶段 | 50 m 跑 | 20 |
| | 坐位体前屈 | 10 |
| | 立定跳远 | 10 |
| | 引体向上（男）/1 min 仰卧起坐（女） | 10 |
| | 1 000 m 跑（男）/800 m 跑（女） | 20 |

### （七）《国家学生体质健康标准》的评价指标

《标准》中从小学到大学都分别规定了相应的评价指标，这些指标是根据《标准》中项目的测试值进行评价的。除 BMI 是根据所测得的身高和体重需要进行计算外，其他项目是直接利用测试值进行查表评分。

### （八）《国家学生体质健康标准》的单项指标

表 2-7-8 至表 2-7-16 为《标准》的单项指标。

表 2-7-8　高中体重指数（BMI）单项评分表（单位：kg/m）

| 等级 | 单项得分 | 高一 | | 高二 | | 高三 | |
| --- | --- | --- | --- | --- | --- | --- | --- |
| 性别 | | 男生 | 女生 | 男生 | 女生 | 男生 | 女生 |
| 正常 | 100 | 16.5～23.2 | 16.5～22.7 | 16.8～23.7 | 16.9～23.2 | 17.3～23.8 | 17.1～23.3 |

续表

| 等级 | 单项得分 | 高一 | | 高二 | | 高三 | |
|---|---|---|---|---|---|---|---|
| | | 男 | 女 | 男 | 女 | 男 | 女 |
| 低体重 | 80 | ≤16.4 | ≤16.4 | ≤16.7 | ≤16.8 | ≤17.2 | ≤17 |
| 超重 | | 23.3～26.3 | 22.8～25.2 | 23.8～26.5 | 23.3～25.4 | 23.9～27.3 | 23.4～25.7 |
| 肥胖 | 60 | ≥26.4 | ≥25.3 | ≥26.6 | ≥25.5 | ≥27.4 | ≥25.8 |

表 2-7-9　高中肺活量单项评分表（单位：ml）

| 等级 | 单项得分 | 高一 | | 高二 | | 高三 | |
|---|---|---|---|---|---|---|---|
| | 性别 | 男 | 女 | 男 | 女 | 男 | 女 |
| 优秀 | 100 | 4 540 | 3 150 | 4 740 | 3 250 | 4 940 | 3 350 |
| | 95 | 4 420 | 3 100 | 4 620 | 3 200 | 4 820 | 3 300 |
| | 90 | 4 300 | 3 050 | 4 500 | 3 150 | 4 700 | 3 250 |
| 良好 | 85 | 4 050 | 2 900 | 4 250 | 3 000 | 4 450 | 3 100 |
| | 80 | 3 800 | 2 750 | 4 000 | 2 850 | 4 200 | 2 950 |
| 及格 | 78 | 3 680 | 2 650 | 3 880 | 2 750 | 4 080 | 2 850 |
| | 76 | 3 560 | 2 550 | 3 760 | 2 650 | 3 960 | 2 750 |
| | 74 | 3 440 | 2 450 | 3 640 | 2 550 | 3 840 | 2 650 |
| | 72 | 3 320 | 2 350 | 3 520 | 2 450 | 3 720 | 2 550 |
| | 70 | 3 200 | 2 250 | 3 400 | 2 350 | 3 600 | 2 450 |
| | 68 | 3 080 | 2 150 | 3 280 | 2 250 | 3 480 | 2 350 |
| | 66 | 2 960 | 2 050 | 3 160 | 2 150 | 3 360 | 2 250 |
| | 64 | 2 840 | 1 950 | 3 040 | 2 050 | 3 240 | 2 150 |
| | 62 | 2 720 | 1 850 | 2 920 | 1 950 | 3 120 | 2 050 |
| | 60 | 2 600 | 1 750 | 2 800 | 1 850 | 3 000 | 1 950 |
| 不及格 | 50 | 2 470 | 1 710 | 2 660 | 1 810 | 2 850 | 1 910 |
| | 40 | 2 340 | 1 670 | 2 520 | 1 770 | 2 700 | 1 870 |
| | 30 | 2 210 | 1 630 | 2 380 | 1 730 | 2 550 | 1 830 |
| | 20 | 2 080 | 1 590 | 2 240 | 1 690 | 2 400 | 1 790 |
| | 10 | 1 950 | 1 550 | 2 100 | 1 650 | 2 250 | 1 750 |

表 2-7-10　高中 50 m 单项评分表（单位：s）

| 等级 | 单项得分 | 高一 | | 高二 | | 高三 | |
|---|---|---|---|---|---|---|---|
| | 性别 | 男 | 女 | 男 | 女 | 男 | 女 |
| 优秀 | 100 | 7.1 | 7.8 | 7 | 7.7 | 6.8 | 7.6 |
| | 95 | 7.2 | 7.9 | 7.1 | 7.8 | 6.9 | 7.7 |
| | 90 | 7.3 | 8 | 7.2 | 7.9 | 7 | 7.8 |
| 良好 | 85 | 7.4 | 8.3 | 7.3 | 8.2 | 7.1 | 8.1 |
| | 80 | 7.5 | 8.6 | 7.4 | 8.5 | 7.2 | 8.4 |
| 及格 | 78 | 7.7 | 8.8 | 7.6 | 8.7 | 7.4 | 8.6 |
| | 76 | 7.9 | 9 | 7.8 | 8.9 | 7.6 | 8.8 |

续表

| 等级 | 单项得分 | 高一 | | 高二 | | 高三 | |
|---|---|---|---|---|---|---|---|
| 及格 | 74 | 8.1 | 9.2 | 8 | 9.1 | 7.8 | 9 |
| | 72 | 8.3 | 9.4 | 8.2 | 9.3 | 8 | 9.2 |
| | 70 | 8.5 | 9.6 | 8.4 | 9.5 | 8.2 | 9.4 |
| | 68 | 8.7 | 9.8 | 8.6 | 9.7 | 8.4 | 9.6 |
| | 66 | 8.9 | 10 | 8.8 | 9.9 | 8.6 | 9.8 |
| | 64 | 9.1 | 10.2 | 9 | 10.1 | 8.8 | 10 |
| | 62 | 9.3 | 10.4 | 9.2 | 10.3 | 9 | 10.2 |
| | 60 | 9.5 | 10.6 | 9.4 | 10.5 | 9.2 | 10.4 |
| 不及格 | 50 | 9.7 | 10.8 | 9.6 | 10.7 | 9.4 | 10.6 |
| | 40 | 9.9 | 11 | 9.8 | 10.9 | 9.6 | 10.8 |
| | 30 | 10.1 | 11.2 | 10 | 11.1 | 9.8 | 11 |
| | 20 | 10.3 | 11.4 | 10.2 | 11.3 | 10 | 11.2 |
| | 10 | 10.5 | 11.6 | 10.4 | 11.5 | 10.2 | 11.4 |

表 2-7-11 高中坐位体前屈单项评分表（单位：cm）

| 等级 | 单项得分 | 高一 | | 高二 | | 高三 | |
|---|---|---|---|---|---|---|---|
| 性别 | | 男 | 女 | 男 | 女 | 男 | 女 |
| 优秀 | 100 | 23.6 | 23.6 | 24.3 | 24.3 | 24.6 | 24.6 |
| | 95 | 21.5 | 21.5 | 22.4 | 22.4 | 22.8 | 22.8 |
| | 90 | 19.4 | 19.4 | 20.5 | 20.5 | 21 | 21 |
| 良好 | 85 | 17.2 | 17.2 | 18.3 | 18.3 | 19.1 | 19.1 |
| | 80 | 15 | 15 | 16.1 | 16.1 | 17.2 | 17.2 |
| 及格 | 78 | 13.6 | 13.6 | 14.7 | 14.7 | 15.8 | 15.8 |
| | 76 | 12.2 | 12.2 | 13.3 | 13.3 | 14.4 | 14.4 |
| | 74 | 10.8 | 10.8 | 11.9 | 11.9 | 13 | 13 |
| | 72 | 9.4 | 9.4 | 10.5 | 10.5 | 11.6 | 11.6 |
| | 70 | 8 | 8 | 9.1 | 9.1 | 10.2 | 10.2 |
| | 68 | 6.6 | 6.6 | 7.7 | 7.7 | 8.8 | 8.8 |
| | 66 | 5.2 | 5.2 | 6.3 | 6.3 | 7.4 | 7.4 |
| | 64 | 3.8 | 3.8 | 4.9 | 4.9 | 6 | 6 |
| | 62 | 2.4 | 2.4 | 3.5 | 3.5 | 4.6 | 4.6 |
| | 60 | 1 | 1 | 2.1 | 2.1 | 3.2 | 3.2 |
| 不及格 | 50 | 0 | 0 | 1.1 | 1.1 | 2.2 | 2.2 |
| | 40 | -1 | -1 | 0.1 | 0.1 | 1.2 | 1.2 |
| | 30 | -2 | -2 | -0.9 | -0.9 | 0.2 | 0.2 |
| | 20 | -3 | -3 | -1.9 | -1.9 | -0.8 | -0.8 |
| | 10 | -4 | -4 | -2.9 | -2.9 | -1.8 | -1.8 |

表 2-7-12　高中立定跳远单项评分表（单位：cm）

| 等级 | 单项得分 | 高一 | | 高二 | | 高三 | |
|---|---|---|---|---|---|---|---|
| | 性别 | 男 | 女 | 男 | 女 | 男 | 女 |
| 优秀 | 100 | 260 | 204 | 265 | 205 | 270 | 206 |
| | 95 | 255 | 198 | 260 | 199 | 265 | 200 |
| | 90 | 250 | 192 | 255 | 193 | 260 | 194 |
| 良好 | 85 | 243 | 185 | 248 | 186 | 253 | 187 |
| | 80 | 235 | 178 | 240 | 179 | 245 | 180 |
| 及格 | 78 | 231 | 175 | 236 | 176 | 241 | 177 |
| | 76 | 227 | 172 | 232 | 173 | 237 | 174 |
| | 74 | 223 | 169 | 228 | 170 | 233 | 171 |
| | 72 | 219 | 166 | 224 | 167 | 229 | 168 |
| | 70 | 215 | 163 | 220 | 164 | 225 | 165 |
| | 68 | 211 | 160 | 216 | 161 | 221 | 162 |
| | 66 | 207 | 157 | 212 | 158 | 217 | 159 |
| | 64 | 203 | 154 | 208 | 155 | 213 | 156 |
| | 62 | 199 | 151 | 204 | 152 | 209 | 153 |
| | 60 | 195 | 148 | 200 | 149 | 205 | 150 |
| 不及格 | 50 | 190 | 143 | 195 | 144 | 200 | 145 |
| | 40 | 185 | 138 | 190 | 139 | 195 | 140 |
| | 30 | 180 | 133 | 185 | 134 | 190 | 135 |
| | 20 | 175 | 128 | 180 | 129 | 185 | 130 |
| | 10 | 170 | 123 | 175 | 124 | 180 | 125 |

表 2-7-13　高中女生 1 min 仰卧起坐、男生引体向上单项评分表（单位：次）

| 等级 | 单项得分 | 高一 | | 高二 | | 高三 | |
|---|---|---|---|---|---|---|---|
| | 性别 | 男 | 女 | 男 | 女 | 男 | 女 |
| 优秀 | 100 | 16 | 53 | 17 | 54 | 18 | 55 |
| | 95 | 15 | 51 | 16 | 52 | 17 | 53 |
| | 90 | 14 | 49 | 15 | 50 | 16 | 51 |
| 良好 | 85 | 13 | 46 | 14 | 47 | 15 | 48 |
| | 80 | 12 | 43 | 13 | 44 | 14 | 45 |
| 及格 | 78 | | 41 | | 42 | | 43 |
| | 76 | 11 | 39 | 12 | 40 | 13 | 41 |
| | 74 | | 37 | | 38 | | 39 |
| | 72 | 10 | 35 | 11 | 36 | 12 | 37 |
| | 70 | | 33 | | 34 | | 35 |
| | 68 | 9 | 31 | 10 | 32 | 11 | 33 |
| | 66 | | 29 | | 30 | | 31 |

续表

| 等级 | 单项得分 | 高一 | | 高二 | | 高三 | |
|---|---|---|---|---|---|---|---|
| 及格 | 64 | 8 | 27 | 9 | 28 | 10 | 29 |
| | 62 | | 25 | | 26 | | 27 |
| | 60 | 7 | 23 | 8 | 24 | 9 | 25 |
| 不及格 | 50 | 6 | 21 | 7 | 22 | 8 | 23 |
| | 40 | 5 | 19 | 6 | 20 | 7 | 21 |
| | 30 | 4 | 17 | 5 | 18 | 6 | 19 |
| | 20 | 3 | 15 | 4 | 16 | 5 | 17 |
| | 10 | 2 | 13 | 3 | 14 | 4 | 15 |

表 2-7-14 高中耐久跑男 1 000 m、女 800 m 单项评分表（单位：' "）

| 等级 | 单项得分 | 高一 | | 高二 | | 高三 | |
|---|---|---|---|---|---|---|---|
| | 性别 | 男 | 女 | 男 | 女 | 男 | 女 |
| 优秀 | 100 | 3'30" | 3'24" | 3'25" | 3'22" | 3'20" | 3'20" |
| | 95 | 3'35" | 3'30" | 3'30" | 3'28" | 3'25" | 3'26" |
| | 90 | 3'40" | 3'36" | 3'35" | 3'34" | 3'30" | 3'32" |
| 良好 | 85 | 3'47" | 3'43" | 3'42" | 3'41" | 3'37" | 3'39" |
| | 80 | 3'55" | 3'50" | 3'50" | 3'48" | 3'45" | 3'46" |
| 及格 | 78 | 4'00" | 3'55" | 3'55" | 3'53" | 3'50" | 3'51" |
| | 76 | 4'05" | 4'00" | 4'00" | 3'58" | 3'55" | 3'56" |
| | 74 | 4'10" | 4'05" | 4'05" | 4'03" | 4'00" | 4'01" |
| | 72 | 4'15" | 4'10" | 4'10" | 4'08" | 4'05" | 4'06" |
| | 70 | 4'20" | 4'15" | 4'15" | 4'13" | 4'10" | 4'11" |
| | 68 | 4'25" | 4'20" | 4'20" | 4'18" | 4'15" | 4'16" |
| | 66 | 4'30" | 4'25" | 4'25" | 4'23" | 4'20" | 4'21" |
| | 64 | 4'35" | 4'30" | 4'30" | 4'28" | 4'25" | 4'26" |
| | 62 | 4'40" | 4'35" | 4'35" | 4'33" | 4'30" | 4'31" |
| | 60 | 4'45" | 4'40" | 4'40" | 4'38" | 4'35" | 4'36" |
| 不及格 | 50 | 5'05" | 4'50" | 5'00" | 4'48" | 4'55" | 4'46" |
| | 40 | 5'25" | 5'00" | 5'20" | 4'58" | 5'15" | 4'56" |
| | 30 | 5'45" | 5'10" | 5'40" | 5'08" | 5'35" | 5'06" |
| | 20 | 6'05" | 5'20" | 6'00" | 5'18" | 5'55" | 5'16" |
| | 10 | 6'25" | 5'30" | 6'20" | 5'28" | 6'15" | 5'26" |

表 2-7-15 高中引体向上、仰卧起坐单项加分评分表 （单位：次）

| 项目 | 男生引体向上评分表（单位：次） | | | 女生 1 min 仰卧起坐评分表（单位：次） | | |
|---|---|---|---|---|---|---|
| 加分 | 高一 | 高二 | 高三 | 高一 | 高二 | 高三 |
| 10 | 10 | 10 | 10 | 13 | 13 | 13 |

续表

| 项目 | 男生引体向上评分表（单位：次） | | | | 女生 1 min 仰卧起坐评分表（单位：次） | | |
|---|---|---|---|---|---|---|---|
| 9 | 9 | 9 | 9 | 9 | 12 | 12 | 12 |
| 8 | 8 | 8 | 8 | 8 | 11 | 11 | 11 |
| 7 | 7 | 7 | 7 | 7 | 10 | 10 | 10 |
| 6 | 6 | 6 | 6 | 6 | 9 | 9 | 9 |
| 5 | 5 | 5 | 5 | 5 | 8 | 8 | 8 |
| 4 | 4 | 4 | 4 | 4 | 7 | 7 | 7 |
| 3 | 3 | 3 | 3 | 3 | 6 | 6 | 6 |
| 2 | 2 | 2 | 2 | 2 | 4 | 4 | 4 |
| 1 | 1 | 1 | 1 | 1 | 2 | 2 | 2 |

注：引体向上、1 min 仰卧起坐均为高优指标，学生成绩超过单项评分 100 分后，以超过的次数所对应的分数进行加分。

表 2-7-16　高中耐久跑单项加分评分表　　　　　　　　　　　　（单位：'"）

| 项目 | 男生 1 000 m 跑评分表（单位：'"） | | | 女生 800 m 跑评分表（单位：'"） | | |
|---|---|---|---|---|---|---|
| 加分 | 高一 | 高二 | 高三 | 高一 | 高二 | 高三 |
| 10 | -35" | -35" | -35" | -50" | -50" | -50" |
| 9 | -32" | -32" | -32" | -45" | -45" | -45" |
| 8 | -29" | -29" | -29" | -40" | -40" | -40" |
| 7 | -26" | -26" | -26" | -35" | -35" | -35" |
| 6 | -23" | -23" | -23" | -30" | -30" | -30" |
| 5 | -20" | -20" | -20" | -25" | -25" | -25" |
| 4 | -16" | -16" | -16" | -20" | -20" | -20" |
| 3 | -12" | -12" | -12" | -15" | -15" | -15" |
| 2 | -8" | -8" | -8" | -10" | -10" | -10" |
| 1 | -4" | -4" | -4" | -5" | -5" | -5" |

注：1 000 m 跑、800 m 跑均为低优指标，学生成绩低于单项评分 100 分后，以减少的秒数所对应的分数进行加分。

### （九）国家学生体质健康标准等级评价

优秀：总分 90 分及以上为优秀。

良好：总分 80～89 分为良好。

及格：总分 60～79 分为及格。

不及格：总分 60 分为不及格。

## 四、身体状况记录

表 2-7-17 至表 2-7-19 为身体状况记录表。

## 第七节　了解自己

表 2-7-17　高一年级体质健康测试表

| 高一年级体质健康测试 | | | |
|---|---|---|---|
| 单项指标 | 成绩 | 得分 | 等级 |
| 体重指数（BMI） | | | |
| 肺活量 | | | |
| 50 m 跑 | | | |
| 坐位体前屈 | | | |
| 立定跳远 | | | |
| 引体向上（男）/1 min 仰卧起坐（女） | | | |
| 1 000 m 跑（男）/800 m 跑（女） | | | |
| 考核成绩 | | | |
| 加分指标 | 成绩 | 附加分 | |
| 引体向上（男）/1 min 仰卧起坐（女） | | | |
| 1 000 min 跑（男）/800 min 跑（女） | | | |
| 学期成绩 | | | |
| 等级评定 | | | |

表 2-7-18　高二年级体质健康测试表

| 高二年级体质健康测试 | | | |
|---|---|---|---|
| 单项指标 | 成绩 | 得分 | 等级 |
| 体重指数（BMI） | | | |
| 肺活量 | | | |
| 50 m 跑 | | | |
| 坐位体前屈 | | | |
| 立定跳远 | | | |
| 引体向上（男）/1 min 仰卧起坐（女） | | | |
| 1 000 m 跑（男）/800 m 跑（女） | | | |
| 考核成绩 | | | |
| 加分指标 | 成绩 | 附加分 | |
| 引体向上（男）/1 min 仰卧起坐（女） | | | |
| 1 000 m 跑（男）/800 m 跑（女） | | | |
| 学期成绩 | | | |
| 等级评定 | | | |

表 2-7-19　高三年级体质健康测试表

| 高三年级体质健康测试 | | | |
|---|---|---|---|
| 单项指标 | 成绩 | 得分 | 等级 |
| 体重指数（BMI） | | | |
| 肺活量 | | | |

续表

| 高三年级体质健康测试 | | | | |
|---|---|---|---|---|
| 50 m 跑 | | | | |
| 坐位体前屈 | | | | |
| 立定跳远 | | | | |
| 引体向上（男）/1 min 仰卧起坐（女） | | | | |
| 1 000 m 跑（男）/800 m 跑（女） | | | | |
| 考核成绩 | | | | |
| 加分指标 | 成绩 | | 附加分 | |
| 引体向上（男）/1 min 仰卧起坐（女） | | | | |
| 1 000 m 跑（男）/800 m 跑（女） | | | | |
| 学期成绩 | | | | |
| 等级评定 | | | | |

# 第三章　职业体能

## 第一节　职业体能概述

### 一、职业体能的概念

职业体能是根据职业相关特点，在工作中所需具备的身体活动能力。职业体能主要是通过加强体育锻炼来增强人们的力量、速度、耐力、灵敏、柔韧等素质，提高人们的体能水平，让自己能够适应该职业的要求，更快更好地完成该职业所需要达到的目标所形成的训练，简单来说就是让自己的身体能够胜任该职业。

### 二、职业体能的分类

每一种职业都有一定的工作姿态，这种工作姿态就是在一定时间内身体必须保持某一种劳动姿势。根据身体姿势的不同，职业体能可以分为久站型、久坐型、经久高度注意力型和特殊型职业（表3-1-1）。

表 3-1-1　职业体能的分类

| 分类 | 主要职业 |
| --- | --- |
| 久站型 | 教师、护士、发型师、营业员、前台、厨师等 |
| 久坐型 | 会计、文秘、行政科员等 |
| 经久高度注意力型 | 机械制造、生产线操作工、审计、文物修复师、程序员等 |
| 特殊型职业 | 警务、安保、消防、空中乘务员等 |

# 第二节 久站型职业体适能

久站型职业体适能针对长久站立的职业特点，整个身体的重心都会落在双下肢上，重力由脊柱传递到腰骶关节—骨盆—双髋—双膝—双踝—足底，为了保持其稳定性，这些关节周围的有关肌肉也必须保持相应的紧张状态，这种状态保持过久，就会感到疲劳。为了使这些学生能够更好地适应企业的要求，学生体适能训练中要重点发展人体上下肢的协调性，也要练习下肢、腰腹部力量和基本形体，尤其是腰部、腿部的协调性和灵活性。通过训练可以让学生在长时间站立的情况下，改善和消除肌肉疲劳。根据以上职业体适能需要，设计了以下体适能训练方法，来发展学生的上臂、腰部、腹部、腿部等力量（图3-2-1）。

图 3-2-1　久站型职业

## 一、久站型职业特点及类型

### （一）职业特点

久站型职业，顾名思义就是需要长时间站立型的职业，该职业多为服务型行业。一般连续站立2 h以上，即为久站型职业。久站型职业的职业体能重点是下肢和腰腹力量。

### （二）职业类型

常见的久站型职业包括教师、护士、发型师、前台、售货员、厨师、餐厅服务员等。久站型站立姿势基本分为两种类型：立正式（标准站姿）站姿、任意式站姿。中等职业学校专业一般以任意式站姿为主（图3-2-2至图3-2-5）。

图 3-2-2　护士

第二节 久站型职业体适能

图 3-2-3 厨师

图 3-2-4 前台

图 3-2-5 售货员

**知识窗：**

九点靠墙法。背着墙站直，全身背部紧贴墙壁，后脑勺、肩、腰、臀部及脚后跟与墙壁间的距离尽可能地缩短，使头、肩、臀、腿之间纵向连成直线。

## 二、久站型体适能训练

### （一）膝关节保健操

**1. 坐位伸膝**

练习方法：坐在椅子上，将双足平放在地上，然后逐渐将左（右）膝伸直，并保持直腿姿势，再慢慢放下，双腿交替进行，重复练习（图 3-2-6）。

练习要求：10～20 次为一组，直腿动作 5～10 s。

图 3-2-6 坐位伸膝

### 2. 俯卧屈膝

练习方法：俯卧位，双手在头前交叉，将头部放在手臂上，然后将左（右）膝关节逐渐屈膝，足跟尽量靠近臀部，并保持屈膝姿势，再慢慢放下，两腿交替进行。另外，还可以加一些辅助力量练习，用毛巾环绕踝部，双手握住毛巾，逐渐将足部向臀部牵拉，力量适中（图3-2-7、图3-2-8）。

图 3-2-7 俯卧屈膝

练习要求：屈膝姿势保持 5～10 s，每次练习 10～20 次，间隔 15 s。

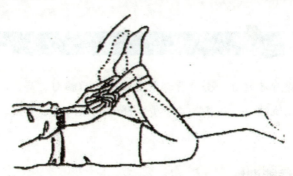

图 3-2-8 足部向臀部牵拉

### 3. 仰卧屈膝

练习方法：仰卧位，将一侧膝关节屈曲尽量贴向胸部，双手将大腿固定，然后逐渐伸直膝关节，两腿交替进行。

练习要求：大腿固定 5～10 s，每次练习 10～20 次，间隔 15 s（图3-2-9）。

图 3-2-9 仰卧屈膝

## （二）踝关节保健操

### 1. 提落踵

练习方法：两脚分开与肩同宽，吸气时慢慢提脚跟，同时双臂抬起与肩平，呼气时慢慢把脚跟落下,两臂自然下垂至体侧(图 3-2-10)。

练习要求:提踵时尽量提到最高点再落下,节奏慢一点,30～40次一组,间隔15 s。

### 2. 跳绳

练习方法:双脚并拢,手腕做弧形摆动,进行弹跳练习2～3 min(弹跳高度为3～5 cm)。初学者先跳10～20次,休息1 min,重复跳10～20次。非初学者可先跳30次,休息1 min,再跳30次,重复练习(图3-2-11)。

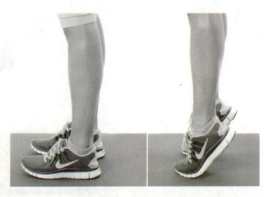

图 3-2-10　提落踵

练习要求:跳绳时应该用前脚掌起跳和落地,这样可以缓解冲力,减少对软组织的损伤以及踝关节的振动与伤害。不要在水泥地上跳绳,过度肥胖者也不宜跳绳。

### 3. 敏捷梯侧身滑步

动作方法:身体侧向敏捷梯站立,两脚平行滑动,前脚掌着地,依次落入两绳之间,注意摆臂协调(图3-2-12)。

练习要求:步伐轻快、流畅,步频要快,有节奏感。

图 3-2-11　跳绳

图 3-2-12　敏捷梯侧身滑步

## (三)双腿伸展放松操

### 1. 新月

练习方法:跪立,左腿向前迈一大步,双手置于脚两侧,右膝和右脚背着地,髋部前移下沉,双臂经身体两侧向上抬起至头顶合掌,脊柱充分后展,双腿交替练习(图3-2-13)。

图 3-2-13　新月伸展放松操

练习要求：骨盆中正下沉，胸腔上提后展，前腿膝关节与足尖指向正前方。吸气延伸脊柱，呼气脊柱后展。

**2. 站立前屈伸展**

练习方法：双臂从两侧上举，大臂靠近双耳掌心向前，延伸脊柱，髋屈曲下压，双手放在两脚两侧，掌跟对齐足跟，屈肘、胸、腹、额依次贴近双腿（图3-2-14、图3-2-15）。

图 3-2-14　站立前屈伸展

图 3-2-15　站立前屈伸展

练习要求：手放在双脚两侧，肘部指向后侧，背部平展，下肢垂直地面，膝关节避免过伸。吸气时延展脊柱，呼气时躯干贴腿。

3. 单腿背部伸展

练习方法：屈右膝，髋外展，脚掌抵在左大腿内侧，左脚向前延伸，足尖向上，骨盆中正，双手从两侧向上延伸，高举头顶，髋屈曲，上体自然伸展向前，腹、胸、额依次贴近左腿前侧，手抓脚掌或另侧手腕，双腿交替练习（图3-2-16）。

练习要求：练习中注意骨盆中正，体会背部、腿后侧的伸展。伸展时吸气，前屈时呼气。

图3-2-16　单腿背部伸展

（四）仰卧伸展操

1. 鱼式

练习方法：仰卧，肘内收，下压支撑地面，胸腔上提，颈部后仰，头顶着地，双腿伸直，脚面绷直，整个背部形成弓形（图3-2-17）。

练习要求：胸腔充分上提展开，头顶触地。吸气胸腔上提，呼气还原。

图3-2-17　鱼式仰卧伸屈操

2. 仰卧扭脊

练习方法：仰卧，双脚并拢，足尖向上。双臂侧平展，掌心向下置于地面。屈右膝，右脚置于左大腿上，足尖与左膝对齐，左手置于右膝上。右膝带动脊柱转向左侧贴地，头部转向另一侧，目视右手中指，双肩尽量下沉（图3-2-18）。

练习要求：双肩尽量不要离开地面，屈膝腿内侧贴地，头转向相反方向。身体扭转时呼气，回正时吸气。

图3-2-18　仰卧扭脊

### （五）器械健身操

#### 1. 发展上臂部肌肉力量动作

（1）俯立臂屈伸动作要领：两脚前后开立，身体向前弯曲成90°，挺胸直腰，单手持铃掌心向内，上臂夹紧体侧，前臂做屈伸动作。

（2）屈臂上拉动作要领：身体正直采用反握方式与肩同宽的握距，两臂伸直举过头顶与地面垂直，上臂不动；前臂向后弯曲至最低点略高位置，用肱三头肌的力量向上举起[图3-2-19（a）]。

（3）站立弯举动作要领：身体正直双手反握（握距与肩同宽）杠铃，两臂伸直上臂夹紧胸骨于体前开始，以肘关节为圆心，稍停后缓慢复位[图3-2-19（b）]。

（a）　　　　　（b）

图3-2-19　屈臂上拉、站立弯举

（4）俯立弯举动作要领：两脚开立，半蹲或俯坐，双手反握杠铃、哑铃，使上臂固定在大腿内侧，用肱二头肌的力量使前臂向上做弯举动作。

**2. 发展腰部肌肉力量动作**

（1）负重转体动作要领：两脚分开，身体正直双手握杠置于后肩上，挺胸直腰向左右转体。

（2）哑铃体侧屈动作要领：两脚分开，身体正直，双手正握持铃放于两体侧，身体向一侧倾斜至最低点，然后倾斜向另一侧，这样重复进行。

（3）负重左右绕行动作要领：两脚开立，身体向侧双手持杠铃片，从一侧举过头顶，向另一侧放下，这样重复进行（图 3-2-20）。

图 3-2-20　负重左右绕行

**3. 发展腹部肌肉力量动作**

（1）仰卧起坐动作要领：仰卧在长凳上，双脚屈膝，双手抱头，两膝夹紧，用腹肌的力量向上折体，稍停后缓慢复位（图 3-2-21）。

图 3-2-21　仰卧起坐

（2）仰卧举腿动作要领：仰卧在长凳上，双手抓把手，双腿伸直向上折，臀不离板，稍停后缓慢复位（图 3-2-22）。

(3）坐姿收腿动作要领：身体伸直，双手后撑，斜坐在凳边上，两膝夹紧，用腹肌的力量向上折体及收腿，稍停后缓慢复位（图3-2-23）。

图3-2-22 仰卧举腿

图3-2-23 坐姿收腿

### 4. 发展腿部力量耐力练习

平时可以利用午休时间进行靠墙蹲练习。用后背平靠住墙，站立（图3-2-24）。

动作要领：后背贴于墙上，大腿下蹲与地面平行，保持这个姿势尽可能久一点。

练习要求：以20 s开始，直到能坚持到45 s，直到力竭为一组。每天3~5组。切记：蹲到力竭，才有效果。

拓展练习：如果腿部力量耐力强大了，也可以将哑铃（或者矿泉水）等重物放置在腿上，以增加练习强度。

图3-2-24 靠墙蹲练习

## 三、久站型职业体适能训练原则及建议

长时间站立和维持相同姿势对下肢及腰部的力量和耐力要求较高。因此，在体适能训练中应遵循以下原则及建议：

（1）严格控制体重，加强形体练习，避免过劳，矫正不良体位。

（2）进行适当的力量训练。加强腰背肌锻炼，防止肌肉张力失调。

（3）合理运用运动医学及恢复手段。进行理疗、推拿、按摩等舒筋活血疗法。

## 四、案例借鉴

**案例1**

适合职业：空乘人员。

## 第二节 久站型职业体适能

练习重点：学习膝关节、踝关节保健操，发展上臂、腰部、腹部、腿部肌肉力量（表 3-2-1）。

表 3-2-1

| | 练习内容及次数 | 练习强度 | 练习时间 /min |
|---|---|---|---|
| 周一 | 1. 踝关节保健操<br>2. 仰卧伸展放松操<br>3. 腿部肌肉练习 | 3 节 ×2 组<br>2 节 ×2 组<br>2 组 | 10<br>10<br>15 |
| 周二 | 1. 膝关节保健操<br>2. 双腿伸展放松操<br>3. 上臂肌肉练习 | 3 节 ×2 组<br>3 节 ×2 组<br>4 节 ×2 组 | 10<br>10<br>15 |
| 周三 | 1. 踝关节保健操<br>2. 仰卧伸展放松操<br>3. 腰部肌肉练习 | 3 节 ×2 组<br>2 节 ×2 组<br>3 节 ×2 组 | 10<br>10<br>15 |
| 周四 | 1. 膝关节保健操<br>2. 双腿伸展放松操<br>3. 腹部肌肉练习 | 3 节 ×2 组<br>3 节 ×2 组<br>3 节 ×2 组 | 10<br>10<br>15 |
| 周五 | 1. 踝关节保健操<br>2. 仰卧伸展放松操<br>3. 腿部肌肉练习 | 3 节 ×2 组<br>2 节 ×2 组<br>2 组 | 10<br>10<br>15 |

**案例 2**

适合职业：连锁店销售员。

练习重点：学习膝关节、踝关节保健操，发展上臂、腰部、腹部、腿部肌肉力量（表 3-2-2）。

表 3-2-2

| | 练习内容及次数 | 练习强度 | 练习时间 /min |
|---|---|---|---|
| 周一 | 1. 踝关节保健操<br>2. 仰卧伸展放松操<br>3. 上臂肌肉练习 | 3 节 ×2 组<br>2 节 ×2 组<br>4 节 ×2 组 | 10<br>10<br>15 |
| 周二 | 1. 膝关节保健操<br>2. 双腿伸展放松操<br>3. 腹部肌肉练习 | 3 节 ×2 组<br>3 节 ×2 组<br>2 组 | 10<br>10<br>15 |
| 周三 | 1. 踝关节保健操<br>2. 仰卧伸展放松操<br>3. 腿部肌肉练习 | 3 节 ×2 组<br>2 节 ×2 组<br>2 组 | 10<br>10<br>15 |
| 周四 | 1. 膝关节保健操<br>2. 双腿伸展放松操<br>3. 腰部肌肉练习 | 3 节 ×2 组<br>3 节 ×2 组<br>3 节 ×2 组 | 10<br>10<br>15 |
| 周五 | 1. 踝关节保健操<br>2. 仰卧伸展放松操<br>3. 腿部肌肉练习 | 3 节 ×2 组<br>2 节 ×2 组<br>2 组 | 10<br>10<br>15 |

## 第三节　久坐型职业体适能

久坐型职业体适能针对长久时间保持坐姿的职业特点，在学生体适能训练中重点发展人体腰、背部力量，颈部、肩部放松练习，手指手腕等小关节力量及放松练习，尤其是腰部、背部和颈部的肌肉力量及放松练习。通过训练可以使学生在长时间坐姿的情况下，改善和消除肌肉疲劳。根据以上职业体适能需要，设计了以下体适能训练方法，来发展学生的腰部、背部、颈部等力量。

### 一、久坐型职业特点及类型

#### （一）职业特点

久坐型职业由于较长时间坐在室内，低头、含胸、颈前屈、眼部高度紧张，下肢易麻木，肩臂负担较重，腕、指腱鞘劳损。因此正确的坐姿就显得尤为重要。正确的坐姿应该是肩平身正脚放正，还应时时保持上半身挺直的姿势，也就是颈、胸、腰都要保持平直。

职业上班族的坐姿的动作要领，除了上述以外还应调整办公桌的高低，保证手能与键盘平行。视线与向地心垂线的夹角为115°左右，也就是计算机屏幕略低于平行视线（图3-3-1）。

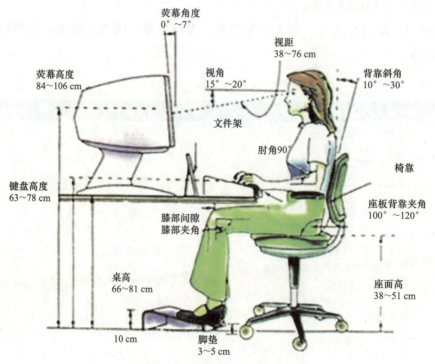

图3-3-1　职业上班族正确坐姿

## （二）职业类型

常见的久坐型职业包括文秘、行政人员及IT工作者等。此类工作人员以脑力劳动为主，身体活动范围小，常处于静止状态。

## 二、久坐型职业体适能训练

### （一）缓解脑疲劳的练习

**1. 养成良好的生活习惯**

充足的睡眠不仅能消除大脑疲劳，提高学习效率，对保护脑组织细胞也有裨益。此外，充足的睡眠还有助于将已获得的知识信息巩固在大脑的"记忆仓库"中。建议久坐型职业者应每天有7～8 h的睡眠时间，有条件者午饭后应午睡1 h，晚上不宜熬夜。

**2. 按揉太阳穴、风池穴、百会穴**

练习方法：用大拇指画圈按揉（图3-3-2）。

练习要求：力度适中，保持自然呼吸。

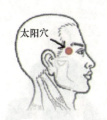 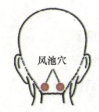 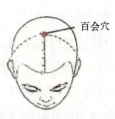

图3-3-2　太阳穴、风池穴、百会穴

**3. 手指梳头**

练习方法：用手指从前至后对头发及头皮进行梳理（图3-3-3）。

练习要求：力度适中，每组8～10次。

### （二）舒展骨骼练习

**1. 胸部拉伸**

图3-3-3　手指梳头

练习方法：左侧胸部拉伸，左腿弓步，右手叉腰，左肩略微耸起，左侧小臂与手掌贴紧墙面，大臂平行于地面，上身向前且向右扭转，感受左侧胸部拉伸感；右侧胸部动作相反（图3-3-4）。

练习要求：保持身体直立，根据个人能力，最大限度进行拉伸。

**2. 腹部左右侧拉伸**

练习方法：左侧拉伸，双腿交叉，左腿在前，右手抓住左手腕尽力向右侧伸展；右侧拉伸动作相反（图3-3-5）。

练习要求：保持自然呼吸，每次拉伸 10～15 s。

图 3-3-4　胸部拉伸

图 3-3-5　腹部左右侧拉伸

**3. 大腿内侧动态拉伸**

练习方法：双脚约两倍肩宽，脚尖朝斜前方，中心在一侧腿上，下蹲至另一侧腿完全伸直，背部挺直，微俯身，双手触地后做另一侧，脚跟不离开地面（图 3-3-6）。

练习要求：两腿交替保持身体平衡，保持自然呼吸。

**（三）手指保健操**

图 3-3-6　大腿内侧动态拉伸

**1. 伸指练习**

练习方法：坐姿，双脚分开与肩同宽，小臂撑在膝盖上，两手自然下垂保持放松，随后用力伸直两手手指，保持 2 s 后恢复到放松状态（图 3-3-7）。

练习要求：尽力张开手指，保持自然呼吸。

**2. 掌心按压**

练习方法：左手按压，左手手心向上，右手拇指从掌跟开始按压，一直滑至每个手指的指跟；右手按压，动作相反（图 3-3-8）。

练习要求：力度适中，保持自然呼吸。

**3. 手指对抗练习**

练习方法：两手五指分开，指头相对，用力对撑，保持住（图 3-3-9）。

练习要求：力度适中，掌心不要合在一起，保持自然呼吸。

 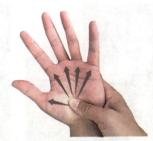 

图 3-3-7　伸指练习　　　图 3-3-8　掌心按压　　　图 3-3-9　手指对抗练习

**4. 手腕伸肌拉伸**

练习方法：左手腕拉伸，左手伸直，指尖朝下，掌心朝内，右手拉住左手指尖，向内发力牵拉；右手腕拉伸，动作相反（图 3-3-10）。

练习要求：牵拉力度适中，保持自然呼吸。

图 3-3-10　手腕伸肌拉伸

**（四）颈部保健操**

**1. 颈部左、右拉伸**

练习方法：左侧拉伸，腰背挺直，右手放在头部左侧，轻轻向右，逐渐用力；右侧拉伸动作相反（图 3-3-11）。

练习要求：逐渐用力，保持自然呼吸。

**2. 点头和仰头**

练习方法：保持腰背挺直，手捃腰，点头时下颚贴近脖子，仰头时用力将下颚向上扬（图 3-3-12）。

练习要求：尽力拉伸，保持自然呼吸。

**3. 颈部左、右后侧拉伸**

练习方法：左后侧拉伸保持腰背挺直，头向右前方 45°低头，右手放在头部左侧，轻轻向右逐渐用力；右后侧拉伸动作相反（图 3-3-13）。

练习要求：逐渐用力，保持自然呼吸。

图 3-3-11　颈部左、右拉伸　　　图 3-3-12　点头　　　图 3-3-13　颈部左、右后侧拉伸

（五）肩部保健操

**1. 俯身 TW 伸展**

练习方法：屈膝俯身，身体与地面呈 35°，双臂伸直展开至水平，双手掌心向前呈 T 字，随后蜷缩手臂至身体呈 W 字，双肩放松，夹紧双肘，用中背部肌肉发力，头部与脊柱为一条直线（图 3-3-14）。

练习要求：感受肩部与背部肌肉发力。

**2. 肩部深层激活**

练习方法：自然站立，挺胸收腹，双手前平举，掌心相对，随后屈肘至大臂小臂呈 90°，小臂始终平行于地面，保持肩部和肘部位置不动，向上转动手臂至最大限度，依次还原为初始位置（图 3-3-15）。

练习要求：感受肩部肌肉发力，手臂上举时呼气，下放时吸气。

（a）　　　　　　　　　（b）

图 3-3-14　俯身 TW 伸展　　　　　图 3-3-15　肩部深层激活

## 3. 支撑交替摸肩

练习方法：呈俯卧撑姿势，收紧腰腹，双手交替支撑，非支撑手摸对侧肩（图3-3-16）。

练习要求：完成困难者可适当将两脚分开。

图 3-3-16　支撑交替摸肩

## （六）器械健身和健美练习（发展各部位肌群练习）

### 1. 哑铃侧平举

练习方法：自然站立，挺胸并收紧腰腹，下沉肩部，举起哑铃至肘关节与肩同高，以肩为轴心使哑铃做圆弧运动（图3-3-17）。

练习要求：下放时缓慢控制，躯干不晃动，下放吸气，上举呼气。

### 2. 哑铃硬拉

练习方法：双脚与肩同宽，腰背挺直，双手握紧哑铃，掌心朝内，下降时肩部下沉向后收紧，下背部绷紧肌肉，下沉至肘关节接近膝盖为宜，随后脚后跟蹬地带动拉起哑铃，哑铃贴紧腿两侧，拉起后肩胛骨后缩，夹紧臀部（图3-3-18）。

练习要求：感受后肩胛骨收缩，拉起时呼气，下沉时吸气。

图 3-3-17　哑铃侧平举　　　　图 3-3-18　哑铃硬拉

### 3. 哑铃西西里卷腹

练习方法：仰卧平躺，屈膝，双脚分开，双手横卧哑铃置于胸口上方，双臂伸直，缓慢卷起上半身（图 3-3-19）。

练习要求：不可用手臂力量带动身体，卷腹时手臂竖直上举，臀部及双腿稳定身体，卷腹时呼气，下落时吸气。

### （七）消除肌肉疲劳练习

#### 1. 肩部绕环

练习方法：身体直立，与肩同宽，屈臂，肩膀向前、向后做画圆动作进行肩部肌肉放松（图 3-3-20）。

练习要求：感受肩部肌肉放松。

图 3-3-19　哑铃西西里卷腹

图 3-3-20　肩部绕环

#### 2. 跪姿背部拉伸

练习方法：臀部坐在脚后跟上，双手向前伸（图 3-3-21）。

练习要求：身体自然放松地向前趴下，掌心向下，保持自然呼吸。

#### 3. 腹部拉伸

练习方法：俯卧，腿部紧贴地面，双手将上半身撑起，用力拉伸腹部，挺胸（图 3-3-22）。

练习要求：感受腹部肌肉拉伸，保持自然呼吸。

图 3-3-21 跪姿背部拉伸

图 3-3-22 腹部拉伸

## 三、久坐型职业体适能训练原则及建议

长期久坐容易造成下肢易麻木，肩臂负担较重，腕、指腱鞘劳损，心血管机能减退，也可能产生精神压抑。因此，在体适能训练中应遵循以下原则：

### （一）原则

（1）有效控制原则。

（2）周期安排原则。

（3）适宜负荷原则。

（4）区别对待原则。

（5）适时恢复原则。

### （二）建议

（1）掌握正确的坐姿。

（2）进行适当的身体活动。

（3）充分休息。

## 四、案例借鉴

**案例 1**

适合职业：办公文员。

练习重点：肩颈、脊柱、腰腹（表 3-3-1）。

表 3-3-1

|  | 练习内容及次数 | 练习强度 | 练习时间 /min |
| --- | --- | --- | --- |
| 周一 | 1. 舒展骨骼练习 | 2 组 | 10 |
|  | 2. 颈部保健操 | 2 组 | 10 |
|  | 3. 器械健身健美练习（肩部肌肉训练） | 3 组 | 15 |
|  | 4. 消除肌肉疲劳练习 | 1 组 | 5 |

续表

| 练习内容及次数 | 练习强度 | 练习时间/min |
|---|---|---|
| 周二 | | |
| 1. 舒展骨骼练习 | 2 组 | 10 |
| 2. 肩部保健操 | 3 组 | 15 |
| 3. 器械健身健美练习（腰腹肌肉训练） | 2 组 | 10 |
| 4. 消除肌肉疲劳练习 | 1 组 | 5 |
| 周三 | | |
| 1. 舒展骨骼练习 | 2 组 | 10 |
| 2. 颈部保健操 | 3 组 | 15 |
| 3. 器械健身健美练习（背部肌肉训练） | 2 组 | 10 |
| 4. 消除肌肉疲劳练习 | 1 组 | 5 |
| 周四 | | |
| 1. 舒展骨骼练习 | 2 组 | 10 |
| 2. 肩部保健操 | 3 组 | 15 |
| 3. 器械健身健美练习（腰腹肌肉训练） | 2 组 | 10 |
| 4. 消除肌肉疲劳练习 | 1 组 | 5 |
| 周五 | | |
| 1. 舒展骨骼练习 | 2 组 | 10 |
| 2. 颈部保健操 | 2 组 | 10 |
| 3. 器械健身健美练习（肩部肌肉训练） | 3 组 | 15 |
| 4. 消除肌肉疲劳练习 | 1 组 | 5 |

## 案例 2

适合职业：法律文秘。

练习重点：手指、肩颈、腰腹（表 3-3-2）。

表 3-3-2

| 练习内容及次数 | 练习强度 | 练习时间/min |
|---|---|---|
| 周一 | | |
| 1. 舒展骨骼练习 | 2 组 | 10 |
| 2. 手指保健操 | 2 组 | 10 |
| 3. 器械健身健美练习（肩部肌肉训练） | 3 组 | 15 |
| 4. 消除肌肉疲劳练习 | 1 组 | 5 |
| 周二 | | |
| 1. 舒展骨骼练习 | 2 组 | 10 |
| 2. 肩部保健操 | 3 组 | 15 |
| 3. 器械健身健美练习（腰腹肌肉训练） | 2 组 | 10 |
| 4. 消除肌肉疲劳练习 | 1 组 | 5 |
| 周三 | | |
| 1. 舒展骨骼练习 | 2 组 | 10 |
| 2. 颈部保健操 | 3 组 | 15 |
| 3. 器械健身健美练习（背部肌肉训练） | 2 组 | 10 |
| 4. 消除肌肉疲劳练习 | 1 组 | 5 |
| 周四 | | |
| 1. 舒展骨骼练习 | 2 组 | 10 |
| 2. 手指保健操 | 3 组 | 15 |
| 3. 器械健身健美练习（腰腹肌肉训练） | 2 组 | 10 |
| 4. 消除肌肉疲劳练习 | 1 组 | 5 |
| 周五 | | |
| 1. 舒展骨骼练习 | 2 组 | 10 |
| 2. 颈部保健操 | 2 组 | 10 |
| 3. 器械健身健美练习（肩部肌肉训练） | 3 组 | 15 |
| 4. 消除肌肉疲劳练习 | 1 组 | 5 |

# 第四节 经久高度注意力型职业体适能

经久高度注意力型是指从事注意力高度集中的工作类型，由于注意力时刻高度紧张，所以需要着重加强上肢、下肢的肌肉协调性与力量的训练来缓解精神上的疲劳，来满足职业的需要。

## 一、经久高度注意力型职业特点及类型

### （一）职业特点

"经久高度注意力型"在身体姿态上属于久站型、久坐型或者两者交替进行（变姿）的身体形态为主，该职业特点除第一、二节提到的相关特点外，对工作者的注意力、眼手协同配合能力也有一定要求。

### （二）职业类型

常见的该类型职业有会计、机械制造、生产线操作工、审计、文物修复师、程序员等（图3-4-1）。

图3-4-1 经久高度注意力型职业

> **知识窗：**
>
> 经久高度注意力对同学们的要求极高，除了对身体要求极高以外，更应该增强抗挫折能力和学会适当为自己减压。平时，多参加团体项目的体育运动，听听音乐，爬爬山，这样才能更好地适应自己的职业。

## 二、经久高度注意力型职业体适能训练

### （一）经久高度注意力型的职业体能练习要领

在经久高度注意力型的职业体能训练开展中，应该分为身体训练与有针对性的单项运动技能训练。在身体训练方面，既要注重上下肢肌肉力量练习，也要注意上肢协调能力、目测注意力等的练习。

### （二）职业体能训练

**1. 强心肺训练**

（1）摆臂下蹲快速跳。

练习方法：直立站姿，两脚间距稍宽于肩，背部挺直，腹部收紧，双臂伸直举过头顶，保持掌心相对，双臂快速向下摆动至髋关节位置，同时髋关节向后移动，呈运动基本姿势，膝盖不要超过脚尖，双脚不要移动。

练习要求：下蹲速度要快，用臀部和腿部发力，下蹲时膝盖不要内扣，下蹲后保持身体姿势，运动过程中保持胸部和背部平直。快速蹲起20次，共做3组（图3-4-2）。

图3-4-2　摆臂下蹲快速跳

（2）折返跑。

练习方法：根据两个标志物，从其中一点（起点）开始，按照要求跑至另一标志物（终点）处，用脚或用手碰倒标志物后立即转身（无须绕过标志物）跑回起点，继续转身跑向终点，循环进行，按照练习要求在起点和终点间做若干个来回折返。

练习要求：快跑至终点时，一般为终点前2～3 m，略微降低跑速，降低自身重心，跑至终点，侧身面对终点线或标志物，左下肢成屈蹲，右下肢延伸至终点线处（或稍前处）制动并准备做蹬地起跑，上体下压，用脚触线（或用手碰倒标志物）后，上体转向前进方向，右脚迅速蹬地起跑，继续向前快速跑进（图3-4-3）。

图3-4-3　折返跑

**2. 发展上下肢肌肉力量的练习**

（1）下肢练习（直臂上举深蹲）。

练习方法：直立姿正常站立，双脚与肩同宽，双手自然垂于体侧，背部挺直，腹肌收紧。下蹲至大腿与地面平行，同时双手抬起，膝盖不超过脚尖，脚尖始终向前，保持背部平直和双膝间的距离，膝关节不应内扣（图3-4-4）。

练习要求：下蹲时吸气，直立时呼气，注意动作和呼吸相互配合。一组练习蹲起20次，共5组。

图 3-4-4　直臂上举深蹲

（2）上肢练习（直臂平板支撑）。

练习方法：

①俯卧四点（双手和双脚）支撑，保持背部平直，腹部和臀部收紧，身体呈一条直线。

②手在肩部的正下方，肘关节伸直但不要锁死。

③双腿伸直，双脚分开于地面（图3-4-5）。

练习要求：做动作时不要憋气，60 s 为1组，共5组。

图 3-4-5　直臂平板支撑

**3. 抗眩晕能力练习**

（1）垫上侧滚翻。

练习方法：

①准备姿势。身体下蹲，前后脚开立适度，一只脚在前，一只脚在后，前脚的方向为第一次身体与地接触的一侧（如把左脚伸向前方，那么翻滚时，左肩会最先着地。以下只介绍左脚在前的情况）。两手撑地，左臂向外，肘关节向外，为反手姿势。右臂自然撑地。重心慢慢前移〔图3-4-6（a）〕。

②有意识地控制着地部位。侧滚翻最先着地的是肩胛部（当然，在此之前，左手臂也有一定着地时间）。在预备动作之下，可以慢慢地、有意识地向前滚翻，使身体沿手臂到肩胛着地。

③翻滚过程。这一过程很难用语言描述，一来是因为时间极短，使人感觉不到自身的运动过程，二来翻滚过程中大脑似乎是不工作的，只有小脑保持平衡。这一过程基本上取决于①、②两步的动作，准备动作滚翻了，自然是水到渠成。翻滚过程中身体要舒展，并注意保护头部、脊柱不受伤〔图3-4-6（b）〕。

④起立过程。上一步完成时，应该右小腿着地，并且惯性会使人站起来。这时要做的是保持平衡，冷静头脑，以备下一步的迅速行动。

练习要求：翻滚时注意不要双腿分开，低头要充分，不要过松的团身。

（2）闭目旋转接直线走。

练习方法：身体自然站立，手放两侧，原地旋转5周，闭眼睛，按先前指定目标行走。

练习要求：选择地面平坦，开阔的场地，注意自我保护，防止跌伤。

 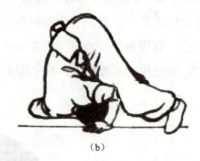

（a）　　　　　　　　（b）

图 3-4-6　翻滚过程

**4. 球类游戏练习**

（1）手指、手腕灵活度与力量练习。

①篮球手指拨球。

练习方法：双脚开立，身体直立，双手持球于胸前，五指张开，左右拨球，速度越快越好，可以根据自身情况增加难度，如上下、左右移动等。

练习要求：大臂小臂尽可能不要发力，仅靠手指、手腕的力量进行，眼睛尽量不要看球。

②持球拱手受力。

练习方法：坐在椅子上，身体前倾，用大腿内侧夹住大臂位置，双手持球，指尖触球，手腕部分贴于膝盖内侧，大腿与膝盖向中间匀速发力，手指、手腕尽全力保持手型，直到手掌触球。

练习要求：速度不要过快，容易伤到手指、手腕，要匀速进行，指关节动作不要变形，手指、手腕要发力。

(2) 发展上臂力量练习。

①排球垫球。

练习方法：正面对准球，两脚开立（左右、前后）稍宽于肩，脚尖内收或朝前，脚跟稍提起，两膝弯曲稍内扣，上体稍前倾，重心靠前，落于前脚掌，两臂微屈置于胸前，两肘稍向内收，看准来球，两臂夹紧前伸，插到球下，用前臂腕关节以上 10 cm 左右的地方两臂桡骨内侧形成的平面击球的下部。

练习要求：垫球时，重心降低，两臂夹紧，手型正确。

②篮球运球。

练习方法：两脚前后或平行开立，两膝微屈，上体稍前倾，抬头平视前方，运球时，大臂带动小臂与手腕、手指发力进行运球，五指张开，手心空出，另一只手作为护球手屈臂抬起于胸前。

练习要求：手臂、手指与手腕发力运球，保持重心不要有起伏。

**5. 关于注意力和分散力的活动（或游戏）**

(1) 注意力练习——手接网球。

练习方法：双脚开立，重心降低，双手曲臂于胸前，目光注视同伴手里的两个网球，同伴随机扔下左右手上的一个网球，要在球落地之前将球接住，然后还原准备姿势，高度集中准备下次接球。

练习要求：注意力高度集中，看好下落球，并迅速接住。

(2) 分散力练习——放松深呼吸。

练习方法：双眼紧闭，用鼻子吸气，嘴呼气，呼吸的节奏是吸气 5～10 s，呼气的时间是吸气的两倍，要缓慢、平静地吸进去与呼出来，同时要把注意力集中在吸气和呼气上，期间尽量不要去想其他的事情。

练习要求：呼吸饱满，速度均匀。

（3）上下肢及腰背力量练习。可以利用休息期间进行行进间左右脚交换跳、行进间二分之一弓步跳等活动，发展下肢肌肉力量。也可以在工间休息时，进行双臂前平举的半蹲或全蹲起（图3-4-7），在有条件的情况下还可进行仰卧举腿空蹬自行车动作练习。

（4）心肺功能练习。心肺功能练习主要是以有氧运动为主，可以通过快走、慢跑、骑自行车等方式进行练习。如果有可能，可以"绿色出行"去上班。这样既锻炼了身体又保护了环境（图3-4-8）。

图3-4-7　上下肢及腰背力量练习

图3-4-8　"绿色出行"去上班

（5）手指、手腕力量及灵活性练习。可以利用课间休息或者工间休息时做几组指卧撑，或者带个"握力器"，随时随地都可以练习（图3-4-9）。当然也可以利用休息时间打乒乓球、网球等。

（6）身体协调性练习。可以利用课间休息或者工间休息时练习跳绳（图3-4-10），或约上好友打羽毛球。

图3-4-9　用"握力器"练习手指灵活性

图3-4-10　跳绳

(7）注意力和意志品质练习可以采用团队竞赛（图3-4-11）或者球类等集体项目进行练习。

图 3-4-11　团队竞赛

## 三、经久高度注意力型训练原则及建议

注意力是大脑进行感知、记忆、思维等认识活动的基本条件。经久高度注意力的职业要求长时间保持良好的注意力。而一旦注意力涣散或无法集中，心灵的门户就关闭了，一切有用的知识信息都无法进入。因此，在体适能训练中应遵循以下原则：

（1）养成良好的睡眠习惯，学会自我减压，做些放松训练。

（2）适当参加体育运动是有效缓解经久高度注意力工作的有效方法和途径。科学实验表明运动能缓解压力，使人保持平和的心态，与腓肽效应有关。腓肽是身体的一种激素，被称为"快乐因子"。当运动达到一定量时，身体产生的腓肽效应能愉悦神经，甚至可以把压力和不愉快带走。

（3）也要注意运动不能过量，大运动量或者不符合个人身体机能的运动所起到的效果可能会适得其反。

## 四、案例借鉴

**案例 1**

适合职业：会计。

练习重点：增加手指、手腕灵活度和力量，发展上肢力量，提高注意力和分散力，增强心肺功能和抗晕眩平衡能力（表3-4-1）。

表 3-4-1

| | 练习内容及次数 | 练习强度 | 练习时间 /min |
|---|---|---|---|
| 周一 | 1. 直臂平板支撑<br>2. 闭目旋转直线走<br>3. 垫上侧滚翻<br>4. 篮球手指拨球 | 60 s×3<br>3 组<br>3 组<br>3 组 | 10<br>5<br>10<br>5 |
| 周二 | 1. 上举深蹲<br>2. 折返跑<br>3. 直臂平板支撑<br>4. 手接网球 | 3 组<br>60 s×3<br>3 组<br>5 组 | 5<br>10<br>8<br>8 |
| 周三 | 1. 直臂平板支撑<br>2. 上举深蹲<br>3. 闭目旋转直线走<br>4. 手接网球 | 60 s×4<br>3 组<br>3 组<br>5 组 | 10<br>8<br>5<br>8 |
| 周四 | 1. 快速深蹲<br>2. 垫上侧滚翻<br>3. 折返跑<br>4. 篮球手指拨球 | 5 组<br>5 组<br>5 组<br>3 组 | 10<br>10<br>10<br>5 |
| 周五 | 1. 直臂平板支撑<br>2. 手接网球<br>3. 上举深蹲<br>4. 闭目旋转直线走 | 60 s×4<br>5 组<br>3 组<br>3 组 | 10<br>8<br>8<br>5 |

## 案例 2

适合职业：电子竞技。

练习重点：提高注意力和分散力，手指、手腕灵活度和力量，发展上肢力量（表 3-4-2）。

表 3-4-2

| | 练习内容及次数 | 练习强度 | 练习时间 /min |
|---|---|---|---|
| 周一 | 1. 持球拱手受力<br>2. 篮球手指拨球<br>3. 折返跑<br>4. 直臂平板支撑 | 5 组<br>3 组<br>60 s×3<br>3 组 | 5<br>5<br>10<br>8 |
| 周二 | 1. 篮球手指拨球<br>2. 上举深蹲<br>3. 折返跑<br>4. 手接网球 | 3 组<br>3 组<br>60 s×3<br>5 组 | 5<br>5<br>10<br>8 |
| 周三 | 1. 直臂平板支撑<br>2. 上举深蹲<br>3. 闭目旋转直线走<br>4. 手接网球 | 60 s×4<br>3 组<br>3 组<br>5 组 | 10<br>8<br>5<br>8 |
| 周四 | 1. 闭目旋转直线走<br>2. 快速深蹲<br>3. 垫上侧滚翻<br>4. 篮球手指拨球 | 3 组<br>3 组<br>5 组<br>3 组 | 5<br>10<br>10<br>5 |

续表

| 练习内容及次数 | 练习强度 | 练习时间 /min |
|---|---|---|
| 周五 | 1. 折返跑<br>2. 直臂平板支撑<br>3. 手接网球<br>4. 上举深蹲 | 5组<br>60 s×4<br>5组<br>3组 | 10<br>10<br>8<br>8 |

## 第五节　特殊型职业体适能

特殊职业型是指职业涉及体能要求较高，工作中身体状态不固定，可变性较大，对上肢力量、下肢力量、耐力、灵敏性、平衡性有较大需求，特别是攀、爬、越、摔等身体素质有较高要求的职业。作为特殊的职业，需经过特殊的体能、技能及心理素质的训练，保证具备特殊的体能、技能及心理素质的要求。

### 一、特殊型职业特点及类型

#### （一）职业特点

警务、安保与消防职业类的工作性质均为高风险职业（图3-5-1），工作中经常会有联动执行任务的需求，除了对体能需求较高外还需具备一定的格斗技能，工作中极有可能遇到对抗性及不可抗力因素，可能会面对非正常情况下的各类活动，属于体能要求较高的职业。

图3-5-1　消防职业

空乘人员作为飞行机组人员的重要组成部分，他们为飞机能够正常安全的运行起到了重要的作用，微笑、敏捷、耐心、合作是他们的职业要求，工作中除具有重复劳动、高空作业、劳动强度大、作息时间不规律等职业特点，还需要处理各种突发情况，对身体素质、心理素质、语言表达、人际交往都有较高要求。

#### （二）职业类型

特殊型职业包括警务、安保、消防、空中乘务员等。

## 二、特殊型职业体适能训练

### （一）400 m 障碍路径训练

400 m 障碍是传统军事体育训练项目，通过训练能够发展奔跑、跳跃、攀越、支撑、平衡、钻爬等综合技能，提高速度、耐力、协调、灵敏等身体素质，培养勇敢、顽强、坚韧不拔的意志品质，为通过各种人工和天然障碍打下良好的基础。

400 m 障碍跑由平地跑和通过障碍物两大部分组成，障碍共有8组，分别是跨桩、壕沟、矮墙、高板跳台、云梯、独木桥、高墙、低桩网。全程要通过16次障碍物，通过顺序：100 m 跑→绕过标志旗转弯→跨越三步桩→跨越壕沟→跳越矮墙→通过高板跳台→通过云梯→通过独木桥→攀越高墙→钻爬低桩网→绕过标志旗转弯返回→跨越低桩网→攀越高墙→绕行独木桥下立柱→通过云梯→通过高板跳台→钻越洞孔→跳下攀上壕沟→跨越五步桩→绕过标志旗转弯→ 100 m 跑至终点。

练习方法：

（1）跨越3步桩。跑到起跨线前缘，一腿蹬地，另一腿向前跨出一大步，用前脚掌踏在第一根桩面上。随即蹬地腿迅速向前跨出一大步，用前脚掌踏在第2根桩面上，后脚再踏在第3根桩面上，随后另一腿蹬离桩面向前迈出一步，在端线前着地。

（2）跨越壕沟。跑至壕沟前缘约 30 cm 处，一腿蹬地起跳，身体向前上方跃起，另一腿向前摆出并跨过壕沟着地。

（3）跳越矮墙。可采用一手一脚支撑跳越、一手支撑跳越、踏蹬跳跃。一手一脚支撑跳越：一腿蹬地起跳，使身体跃上矮墙，起跳腿迅速上提，支撑后推墙，支撑腿前摆着地跑。一手支撑跳越：一腿用力蹬地起跳，身体向前上跃起，越过矮墙着地（图3-5-2）。踏蹬跳越：一腿蹬地起跳，身体跃起，另一腿踏蹬矮墙上缘，收蹬地腿，越过矮墙。

图 3-5-2　跳越矮墙

（4）通过高板跳台。挂臂攀上：一腿蹬地起跳，同侧手攀住高板上缘远端，身体借两臂和腿的合力翻上高板面。立臂撑上：两腿起跳，两臂撑于高上缘，收腹踏上高板。跳下高台和低台：上体前倾，一腿向前下迈步，脚掌踏于低台中部，另一腿向前下迈步，脚掌踏于低台中部，踏低台腿迅速向前迈步跑进。

（5）通过独木桥（图3-5-3）。单脚蹬地，身体跃起，迅速踏上桥面，跑步或走步通过时，身体重心稍降低，保持平衡，至桥端时，单腿着地缓冲。

（6）攀越高墙（图3-5-4）。臂撑攀越：跑至高墙前约1 m处，单腿起跳，两手攀住高墙上缘，使身体撑上高墙。一手一脚支撑攀越，单腿起跳，两手攀撑于高墙上缘，身体成一手一脚支撑于高墙上缘。立臂攀越：两腿起跳，两手挂撑于高墙上缘，撑上高墙。

图3-5-3 通过独木桥

图3-5-4 攀越高墙

（7）匍匐通过低桩网（图3-5-5）。屈膝弯腰，身体向前下俯冲，两臂前伸，手掌着地，借两脚蹬力钻入网内。前进时以右手扒、左脚蹬和左手扒、右脚蹬的合力交替爬行。出网时，两臂撑起上体，迅速前迈。

（8）跨越低桩网。单腿蹬地，跨过第1根网线着地，后腿蹬离地面后，小腿向上外翻绕过第1根网线，并迅速前摆跨过第2根网线着地。两腿依次交替跨过其他4根网线。

图3-5-5 匍匐通过低桩网

（9）绕行桥桩。屈膝弯腰，右腿前迈，左手扶第2柱，身体内倾，左腿绕过第2柱后向第3柱前方迈出一步，依次绕过桥柱继续跑进。

（10）蹬越跳台高板。单腿起跳，身体跃起，另一腿屈膝上抬，上体前倾，两手撑扶台面，蹬地腿踏于低台，后腿积极向前上抬腿，并踏于高台。随之屈体前移，并推板跳下。

（11）钻越洞孔。单腿屈膝支撑，身体向前弯腰伸头，腹部靠拢大腿，两臂前伸，使腿、头部和两臂同时钻过洞孔。

（12）跳下攀上壕沟。屈膝弯腰，单手撑地跳下壕沟，并迅速用力蹬地起跳向上跃起，两手攀于壕壁上缘，撑起身体。随着一腿屈膝上抬，脚或膝跪于壕壁上缘，后腿上提，向前迈步跑进。

(13) 跨越 5 步桩。跑至越跨线前缘，右腿蹬地，左腿前跨，踏在第 1 桩面上，右腿前侧跨，踏在第 2 桩面上，两腿依次跨越第 3、4、5 桩。

> **知识窗：**
>
> **练习时需要注意的问题**
>
> 1. 通过垂直障碍物前，跑的动作要轻松、自然，身体重心平稳地前移，具有明显的加速节奏，使人体产生较大的向前速度，以增加起跳时的支撑反作用力和加快起跳动作的速率，从而加强蹬地起跳的效果。通过垂直障碍物后，人体落地时冲击力较大，要注意降低身体重心，屈膝缓冲，随之蹬地启动，继续跑进。通过水平障碍物（壕沟、低拉网、跨桩）之前，要保持已获得的水平速度，加速节奏要明显，通过障碍后，要利用身体向前的冲力，保持水平速度，继续跑进。
>
> 2. 400 m 障碍跑要求用"均匀"速度跑完全程，400 m 障碍要先通过 100 m 平地跑后，才会遇到障碍物，顺利快速地通过障碍物是完成全程的重要保证。因此，前 100 m 平地跑要求快速、轻松省力。在障碍与障碍之间的跑进中，应有步点调整阶段，即在通过障碍物后要调整好步点，在通过下一个障碍物前，要稍加快跑速度，节奏明显，达到顺利快速地通过障碍物的目的。

### （二）攀爬绳类训练

攀爬绳索主要锻炼力量耐力和灵敏素质，属于技巧型项目。相对力量的大小以及动作技巧的熟练度直接影响训练效果。主要用到的肌肉群有躯干部位的背阔肌、前锯肌、胸小肌等，上肢部位的主要有肱二头肌等。绳索攀爬对于消防员等职业体能是非常好的训练方法，能够尽最大爆发力向上攀爬，锻炼身体协调能力，手脚配合攀登能力，同时克服心理障碍。

（1）爬垂直绳。攀爬垂直绳一般一人一绳，可以手脚并用，也可以只用手由下向上有节奏的攀爬，一般采用三拍法攀爬，由站立地面两手握绳成直臂悬垂开始，曲臂上提夹绳为第一拍，脚蹬直引体为第二拍，两手依次向上换握为第三拍，借用两手依次引体换握和两脚夹绳蹬伸的交替配合使身体逐渐上升。

（2）攀爬横绳（图 3-5-6）。攀爬横绳一般采用两种方法：一种为挂膝法，两手前后开握，一条腿屈膝腘窝挂绳，对称手握于前端，另一条腿自然放下；另一种为挂踵法，同挂膝法，以脚

图 3-5-6 攀爬横绳

踵部挂绳。

### （三）前臂部肌肉力量训练

（1）正握弯举练习（图3-5-7）。身体正直，双手正握（握距与肩同宽）杠铃，两臂伸直上臂夹紧胸骨于体前开始，以肘关节为圆心，前臂为半径向上弯起，至迫紧肱二头肌，稍停后缓慢复位。

（2）哑铃绕手练习。身体正直双手反握哑铃，两上臂夹紧胸骨于体前，以肘关节为圆心，前臂为半径，右手靠于体前，掌心向上，从右至左，至前臂与上臂重叠，手臂向外翻转，由侧面下放哑铃，然后接着左手，循环进行。

（3）正握臂屈伸练习（图3-5-8）。半蹲或正坐在凳上，大腿和小腿约保持直角，两手正握或反握哑铃，上臂向内夹紧，前臂贴住大腿，使腕关节下垂于膝盖前，运用两臂肌群的力量使手腕上下弯动。

图3-5-7 正握弯举练习　　　　　　图3-5-8 正握臂屈伸练习

**知识窗：**

#### 练习时需要注意

攀爬练习需加强安全教育，完善安全措施，攀爬高度由低到高，速度由慢到快，攀爬次数由少到多。落地处放置海绵垫。

### （四）下肢力量训练

（1）坐蹲练习（图3-5-9）。两脚开立与脚同宽或稍宽，两手正握比肩稍宽，挺胸塌腰，腰背部肌群始终收紧，将杠铃置于颈后肩上做下蹲动作至蹲坐姿势，稍停后再复位。15个为1组，做4～6组，组间歇30 s。

（2）箭步蹲（左、右）练习（图3-5-10）。两脚前后成弓箭步开立，两手正握比肩稍宽，挺胸塌腰，背腰部肌群始终收紧，将杠铃置于颈后肩上，做下蹲动作，稍停，起立伸膝蹬后腿动作至两腿伸直。15 个为 1 组，做 4～6 组，组间歇 30 s。

图 3-5-9　坐蹲练习

图 3-5-10　箭步蹲练习

（3）负重提踵练习。两脚自然站立，两手正握比肩稍宽，用小腿三头肌的收缩力量，使脚跟踮起至最高位置，稍停后再复位。3 个为 1 组，做 4～6 组，组间歇 30 s。

（4）坐姿哑铃提踵练习（图 3-5-11）。坐在板凳上，并设置一个哑铃片在左大腿上方，距离膝盖大约 10 厘米，现在将你的左脚踩在木板上，这将会是你的首发位置，当你提高你的脚趾使你的小腿提高时，呼气，持有一秒，慢慢地回到开始姿势，然后用右腿重复一遍。30 个 1 组，做 4～6 组，组间歇 30 秒。

图 3-5-11　坐姿哑铃提踵练习

（五）跳绳练习

（1）并足跳。跳绳时两足并拢，上身含胸收腹，收下颌，目视前方。两手握住绳端置于身体两侧，用手腕摇动绳子，每摇一次，两足同时跳起，离地不要太高（约 5 cm）。

两足落地时用前脚掌着地,足跟平浮在地面上。

(2)高抬腿跳。高抬腿跳与原地做高抬腿动作相似。跳绳时,低头收下颌,目视前方,一腿支撑,一腿抬起,身体重心落在支撑腿上。当绳越过抬起腿的那一足后,就用前脚掌踏地,另一支撑腿迅速抬起。每摇一次绳,一腿抬起,一腿支撑,两脚交替进行。跳绳时掌握好抬腿的节奏和时机,让绳顺利地通过两脚。

(3)双摇跳。双摇跳和并足跳绳的要求类似,只是双摇跳起的高度要比并足跳得高,跳起时绳子在足下过两次。两脚落地时,前脚掌先着地,同时两膝微屈以缓冲身体的重力。

(4)放松跳。放松跳是两脚交替慢速跳,这种跳法不要求速度,以放松为主。其主要运用在加速跳的中途休息和训练结束后的放松中。

(5)两脚轮换跳。两脚轮换跳是在跳绳时,一只脚支撑,另一只脚微抬起。每只支撑脚跳两次,两脚交替进行。

(6)跳滑步。跳绳时前滑步、后滑步、左滑步和右滑步移动,不同的是移动时两脚同时跳起,同时落地。跳绳时要保持身体重心始终在两腿之间,以免造成重心不稳。

练习要求:

绳子要带握柄的,短一点,重一点,拿着绳时手不要抬得太高,放松放在胯两侧,手臂不要动,靠两个手腕的转动带动绳子转动,不要跳太高,两脚稍微离地保证绳子能过去就行。

跳绳动作到位时应该是原地非常小幅度的跳动,看上去像原地上下抖动,跳动中体会全身各关节整体的弹性,从踝到膝、胯、腰、肩一直到头,都要有随着跳动轻微屈伸的感觉。

**知识窗:**

### 跳绳建议

跳绳有健身健脑、瘦身燃脂、舒压抗老等好处,既健美又健身,而且不需外出、随时随地都可达成。可谓耗时少、耗能大的无氧运动,而且比较不容易复胖。

持续跳绳 10 min,与慢跑 30 min 或跳健身舞 20 min 相差无几,持续跳 10 min,每分钟跳 140 次就相当于慢跑 30 min。

初学者:建议无绳跳,这样不会影响速度。一开始以身体慢慢适应跳绳的规律和节奏,不追求速度,起跳总数 600 为基数,每隔几天增加 300,两周后总数达到 1 500。之后,可以开始提速度。达到 140 次/min 并掌握节奏后,总数量可以慢慢加至 4 500。最迟两个月内到达 4 500。

正常者:300 次/2 min 一组,一共 15 组(相当于慢跑 90 min 的运动量,已是标准的有氧健身运动）。速度很重要，只有速度达到 150 次 /min 左右时效果才明显。低于 140 次 /min 效果就相对差多了；每组中间停顿 30～60 s 为缓冲休息，停顿的跳法可以保护脚部，也比一直匀速不停跳消耗更多的能量。

专业：前面与正常者的相同，不同处是 300 次 /2 min 为 1 组，通过极限速度与慢速结合，70 个左右变速，每 1 组中间停顿时间为 10～20 s。另外，可以学习多种花样跳绳动作，有助于全身的减肥健身。

### （六）平衡练习

（1）单脚平衡。双脚在平衡垫上或地面上站好，单脚站立，然后闭眼，以静态闭眼的方式进行锻炼，站立的时间越久，平衡能力越好。练习方法：每次 4～6 组，组间歇 30 s。

（2）交替伸腿。背部着垫仰卧，双臂置于身体两侧。双膝弯曲，两足平放于垫面。身体核心区域的肌肉参与用力。将一足抬离垫面，身体核心区域的肌肉用力，并保持身体中正。将腿缓慢伸直，然后回到开始时的位置。另一只脚重复上述动作。练习方法：10 次 1 组，做 4～6 组，组间歇 30 s。

（3）侧向支撑举腿。侧向支撑，以肘部力量支撑肩部，身体向上用力，使身体形成一条直线。保持这种姿势，同时上面的腿有控制地做抬起与放下的动作。身体放下，改用身体的另一侧进行相同的练习。练习方法：每侧 6～8 次。组间歇 1 min。

（4）单腿蹲。单腿支撑站立于地面。向体前将另一脚伸出，脚要伸直，与水平面成 45°。前臂屈曲相叠置于体前保持不动。身体下蹲，确保支持腿的膝盖不超过支撑脚的脚尖部位，保持身体的稳定性。回到动作开始时的位置。练习方法：每条腿重复 8 次，组间歇 1 min。

（5）哑铃高抬腿（图 3-5-12）。两手分别各持一哑铃单腿立于长凳之上。支撑腿的另一侧腿屈膝 90°。现将屈腿伸直，将对侧腿抬起，抬止髋的高度，保持单腿在做抬腿时的平衡。支撑腿不得脱离支撑面——靠支持腿用力完成动作。

练习方法：每条脚重复 8 次。中间休息 1 min，再重复以上练习。

（6）提踵。以脚尖站立立于台阶的边缘。面朝台阶，脚后跟的后部悬起。踝、膝盖及髋保持在一条直线上。以前脚掌为支撑，通过脚趾将人体抬起，停留一段时间后缓慢地、有控制地放下。

图 3-5-12　哑铃高抬腿

练习方法：10次为1组，做4～6组，组间歇2 min。

（7）健身球仰卧起坐。仰卧于健身球上，两膝弯曲，足平放于地面，双手置于脑后。调动人体核心部位的肌肉力量向上抬体，成坐姿。然后身体缓慢回到开始时的位置并重复以上动作。

练习方法：10次为1组，做4～6组，组间歇1 min。

练习要求：

遵循循序渐进的原则，由睁眼到闭眼，由简单到复杂，由少到多，练习数量根据自身能力进行合理调整，完成动作以到位为主，切勿追求完成速度，练习中安全第一位，做好充分预热和安全防范。

### 知识拓展：驼背体型的纠正

判断驼背的症状

1. 颈部疼痛或者有头前引颈伸屈。

2. 背后下部和颈前上部肌肉被拉长或软化，如菱形肌、前锯肌、下斜方肌、深层颈屈肌等。

3. 胸前下部和颈背后上部肌肉会出现紧张，如胸大肌、胸小肌、枕下肌、下斜方肌、肩胛提肌等。

4. 圆肩（含胸）（图3-5-13）。

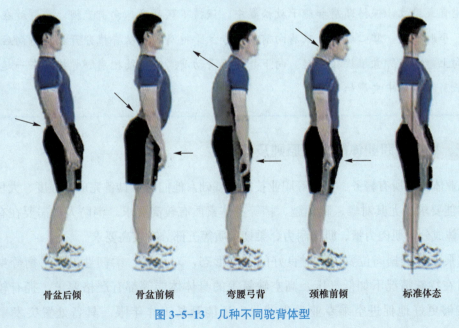

图3-5-13 几种不同驼背体型

纠正驼背的训练

■方法一：墙壁天使

在一面平整的墙面前，身体的头、后背、手臂、手背向墙面紧紧贴靠，并形成大臂垂直于身体，大小臂成90度，双手手指自然伸展向上准备。保持这个准备姿势，完成双手带动手臂沿着墙面慢慢向上伸展至最高处，然后还原到准备姿势。重复15～20次。

■方法二：神经肌肉激活术

屈膝屈髋成90°站立，膝关节位于足尖正上方，抬头挺胸收腹立腰。

大拇指朝上呈现"Y""T""W""L"，训练过程中切勿耸肩、弓肩。

■方法三：滚泡沫轴

将泡沫轴或花生球置于胸椎（中背—上背）部分进行滚压2 min，背部保持放松。

■方法四：枕后肌群

将泡沫轴或花生球置于颈部后侧位置，下颚微内收，肩膀不要往上耸，双手自然放于身体两侧，将头部向两侧缓慢扭转，保持泡沫轴不动。

■方法五：猫狗式伸展

四肢支撑于地面并固定，用骨盆的前倾与后倾来主导脊椎做一个"S"和"C"形动作。

■方法六：肩胛骨运动

坐直或站立，保持颈肩和躯干放松置中。保持下颚高度，向前直视。手臂放在身体两侧，手肘微弯，掌心朝上。双肩向前划，专注于把肩胛骨从脊椎分开。肩膀向后划并稍微向上，将肩胛骨堆挤在一起。向下并向后滑动肩膀，持续把肩胛骨挤压在一起的同时降低肩膀回到中央原始位置。

## 三、特殊型职业体能训练原则及建议

职业体能是所有警务、安保等职业技能的基础，他们需要具备完成高强度、大负荷工作的体能要求，尤其对攀、爬、越、摔等身体素质有较高要求。消防人员需要在有氧能力、身体成分、肌肉力量、肌肉耐力、柔韧素质等五部分有较高要求。

空乘人员依据岗位要求，对良好的身体形态，对力量、柔韧性以及平衡等身体素质，对在特殊情况下如低气压、高空缺氧等的身体体能等都有严格要求。拥有较好的体格能够更好地促进空乘专业学生就业，还能延长工作年限，具备处置突发事件的能力。

## 第五节 特殊型职业体适能

特殊型职业需要掌握发展力量、速度、耐力、协调、灵敏等基本素质的基本原理和多种有针对性的练习方法，特殊型职业的学生还需要针对自己未来的职业特点，结合职业所需体能标准，设计符合个人身体素质的职业体能锻炼方法，并纳入自己的体能锻炼计划中。

**知识窗：**

表 3-5-1 为公安机关录用人民警察体能测试项目和标准（暂行）。

表 3-5-1　公安机关录用人民警察体能测评项目和标准（暂行）

（一）男子组

| 项目 | 标准 | |
| --- | --- | --- |
| | 30 岁（含）以下 | 31 岁（含）以上 |
| 10 m×4 往返跑 | ≤ 13″1 | ≤ 13″4 |
| 1 000 m 跑 | ≤ 4′25″ | ≤ 4′35″ |
| 纵跳摸高 | ≥ 265 cm | |

（二）女子组

| 项目 | 标准 | |
| --- | --- | --- |
| | 30 岁（含）以下 | 31 岁（含）以上 |
| 10 m×4 往返跑 | ≤ 14″1 | ≤ 14″4 |
| 800 m 跑 | ≤ 4′20″ | ≤ 4′30″ |
| 纵跳摸高 | ≥ 230 cm | |

建议：

每周至少练习 3 次，每次 45～60 min，练习前需热身，练习后须放松，可以根据自身情况进行多种组合练习，在职业体能训练的间隙增加基本体能的训练，尤其是针对形体的练习，练习数量根据自身情况进行设定。

### 四、案例借鉴

**案例 1**

适合职业：警务、安保、消防。

练习重点：上、下肢力量（表 3-5-2）。

表 3-5-2

| 项目 | 练习内容及次数 | 运动强度 | 练习时间 |
|---|---|---|---|
| 练习 1 | 1. 上肢器械练习（正握弯举、正握臂屈伸、俯立臂屈伸）15 个 1 组，做 4～6 组<br>2. 下肢器械练习（坐蹲、箭步蹲、负重提踵）15 个 1 组，做 4～6 组<br>3. 400 m 障碍路径（4 组） | 中等<br><br>中等<br><br>大 | 15 min（组间歇 30 s）<br><br>15 min（组间歇 30 s）<br><br>30 min（组间歇 3 min） |
| 练习 2 | 1. 攀爬垂直绳（5 m×8 次）<br>2. 上肢器械练习（曲臂上拉、哑铃绕手、正握臂屈伸）<br>3. 杠铃下肢练习（箭步蹲、负重提踵、坐姿哑铃提踵）15 个 1 组，做 4～6 组，组间歇 30 s | 大<br>中等<br>中等 | 30 min（组间歇 3 min）<br>15 min（组间歇 30 s）<br>15 min（组间歇 30 s） |
| 练习 3 | 1. 攀爬横绳（20 m×4 次）<br>2. 上肢器械练习（曲臂上拉、哑铃俯立弯举、俯立臂屈伸）<br>3. 杠铃下肢练习（坐蹲、负重提踵、坐姿哑铃提踵）15 个 1 组，做 4～6 组，组间歇 30 s | 大<br>中等<br>中等 | 30 min（组间歇 3 min）<br>15 min（组间歇 30 s）<br>15 min（组间歇 30 s） |

## 案例 2

适合职业：空乘人员。

练习重点：协调性、平衡性（表 3-5-3）。

表 3-5-3

| 项目 | 练习内容及次数 | 练习强度 | 练习时间 |
|---|---|---|---|
| 练习 1 | 1. 跳绳（并足跳、高抬腿跳、双脚轮换跳、放松跳、跳滑步）2 min300 次 / 项<br>2. 平衡练习（单脚平衡、交替伸腿、单腿蹲、提踵）每项 10 次 1 组，做 4～6 组，单脚平衡做 4～6 组，每次 30 s | 大<br><br>小 | 25 min（组间歇 3 min）<br><br>20 min（组间歇 2 min） |
| 练习 2 | 1. 跳绳（并足跳、高抬腿跳、双脚轮换跳、放松跳、跳滑步、双摇）2 min300 次 / 项，双摇 1 min<br>2. 平衡练习（单脚平衡、侧向支撑举腿、哑铃高抬腿、提踵）每项 10 次 1 组，做 4～6 组，单脚平衡做 4～6 组，每次 60 s | 大<br><br>小 | 30 min（组间歇 3 min）<br><br>20 min（组间歇 2 min） |
| 练习 3 | 1. 跳绳（并足跳、双脚轮换跳、放松跳）2 min300 次×2 组 / 项<br>2. 平衡练习（单脚平衡、单腿蹲、侧向支撑举腿、健身球仰卧起坐）每项 10 次 1 组，做 4～6 组单脚平衡做 4～6 组，每次 60 s | 大<br><br>小 | 30 min（组间歇 3 min）<br><br>15 min（组间歇 1 min） |

## 第六节　其他类型职业体适能

在职业岗位中，除了久站型、久坐型、经久高度注意力型、特殊型职业，还有融合上述特点的综合型职业，如电工、制冷工、电焊工、汽车驾驶员等工种，是在一定空间内，身体要在站、坐、仰、卧、俯等姿势中变化，并保持注意力高度集中，是职业体能综合性较强的职业。

### 一、其他类型职业体适能特点及类型

#### （一）职业类型

其他类型职业包括电工、制冷工、电焊工、汽车驾驶员、吊车司机、挖掘机司机和城市轨道交通等职业。

#### （二）职业特点

电工、制冷工、电焊工、空调安装与维修、电子产品调试等职业的工作性质均为特种作业，是指容易发生人员伤亡事故，对操作者本人、他人的生命健康及周围设施的安全可能造成重大危害和影响的作业。直接从事特种作业的人员称为特种作业人员。他们在工作中对设备进行运行、维护、安装、检修、改造、施工、调试等作业，这些均需要充沛的体能，想要从事这些工作要求具备社区或者县级以上医疗机构出具的健康证明，属于对身体状况要求较高的职业。

汽车驾驶员、吊车司机、挖掘机司机等必须是符合国家相关法律法规所规定的合法公民，并通过车辆交通管理部门核考取得驾驶执照的人员。驾驶和操作是一项连续、单独、时间长，对人体精力和体力消耗较大的工作，要求驾驶员应有良好的身体素质和心理素质，在行车过程中能够正确分析和判断外界各种信息并采取相应措施，能正确处理复杂情况和紧急危险情况，避免交通事故的发生。

### 二、其他类型职业体适能训练

其他类型职业体适能对身体素质要求较高，工作中劳动强度大，身体姿势变换多，对上下肢力量、耐力、灵敏、柔韧、平衡等素质要求较高，职业上岗均需要提供体检证明，

也说明这些岗位对身体素质的要求严格。

职业体适能是电工、电气运行、制冷工、电焊工、空调安装与维修、电子产品调试、汽车驾驶员、吊车司机、挖掘机司机等职业必要的身体能力，是综合久站型、久坐型、经久高度注意力型、局部力量型、局部耐力型、枯燥重复型、高空作业型、狭小空间型、灵敏需要型等各种职业体能。设计符合学生特点的职业体能训练方法，进行专门性的练习，从而提高职业体适能，胜任工作岗位需求。

### （一）上肢柔韧拉伸练习

#### 1. 手指柔韧性

练习方法：两手五指相触用力内压，使指根与手掌背向成直角或小直角（图3-6-1）。

练习要求：手指最大限度张开，小臂垂直于手指，可保持静止动作，也可做反复按压动作。

#### 2. 手腕柔韧性

练习要领：两手五指交叉，直臂头上翻腕，掌心朝上（图3-6-2）。

图3-6-1　手指柔韧性练习

图3-6-2　手腕柔韧性练习

练习要求：上体保持直立，双臂向上伸直，保持静止动作，反复练习。

### （二）下肢柔韧拉伸练习

#### 1. 弓步压腿

练习要领：两脚前后开立，前腿大小腿夹角成90°，后腿伸直，双手扶在前腿膝关节上，身体正直（图3-6-3）。

练习要求：身体保持正直，前腿弓后腿绷。

#### 2. 跪坐压脚面

练习方法：双腿并拢跪在垫子上，坐在双脚上，上体后仰（图3-6-4）。

练习要求：大腿折叠不分开，上体后仰。

第六节　其他类型职业体适能

图 3-6-3　弓步压腿　　　　　　　　图 3-6-4　跪坐压脚面

（三）上肢力量练习

**1. 俯卧撑与手指俯卧撑**

练习方法：俯身向前手掌撑地，手指向前两臂伸直，两手撑距与肩同宽，两腿向后伸直，两脚并拢脚尖着地。两臂屈肘向下至背低于肘关节，接着两臂撑起伸直成原来姿势（图 3-6-5、图 3-6-6）。

图 3-6-5　俯卧撑　　　　　　　　图 3-6-6　手指俯卧撑

练习要求：身体保持平直，不能塌腰"凹"形，也不可拱臂成"凸"形。重复练习肱三肌等上肢力量。

**2. 双杠臂屈伸**

练习方法：两臂屈伸在双杠上，身体垂直在杠内，屈臂至两臂完全弯曲，接着用力撑起，使两臂伸直成原来姿势（图 3-6-7）。

163

图 3-6-7　双杠臂屈伸

练习要求：身体要直，下肢自然下垂，腿不要屈伸摆动，重复练习能发展胸大肌、三角肌前部、肱三头肌力量。

### （四）下肢力量练习

**1. 皮条高抬摆腿**

练习方法：两手握双杠，左膝结橡皮筋，另一端固定在杠柱上，上体前倾，做大腿摆动练习，另一腿积极蹬直，连续练习，两腿轮换做（图3-6-8）。

练习要求：蹬、抬、送髋，抬腿用力，两手不要拉杠。该动作练习主要发展髂腰肌、大腿屈机群力量。

图 3-6-8　皮条高抬摆腿

**2. 连续换腿跳台阶**

练习方法：台阶高度 40～50 cm，单脚放在平台上，另一脚在地上支撑，两脚交替跳上（图3-6-9）。

练习要求：两臂协调配合，上体正直。50～70 次，重复 5～6 组，组间歇 1～2 min。

图 3-6-9　连续换腿跳台阶

### （五）垫上腰腹肌练习

**1. 仰卧举腿**

练习方法：仰卧在地板上或体操垫子上，身体伸直处于水平位置上，两臂伸直自然置于体侧，然后收腹向上举起双腿至垂直部位，再慢慢放下成原来姿势（图3-6-10）。

图 3-6-10　仰卧举腿

练习要求：收腹举腿动作速度要快，放腿速度应慢，多次重复该动作能有效地发展腹肌和髋关节屈肌群力量。

**2. 收腹举腿静力练习**

练习方法：在双杠、吊环或垫上做收腹举腿（直角支撑）动作（图3-6-11）。

图 3-6-11　收腹举腿静力练习

练习要求：每次静止 1～2 min，5～6 次，间歇 1～2 min。静止时躯干与大腿间的夹角不能大于 100 ℃。

（六）提高注意力练习

1. 手接乒乓球、网球

练习方法：双脚开立，重心降低，双手曲臂于胸前，目光注视同伴手里的两个乒乓球，同伴随机扔下左右手上的一个乒乓球，要在球落地之前将球接住，然后还原准备姿势，高度集中准备下次接球（图 3-6-12）。

图 3-6-12　手接乒乓球

练习要求：注意力高度集中，看好下落球，并迅速接住。

2. 排球双手垫球

练习方法：半蹲姿势，正面对着来球方向，当球临近时，两手相抱成垫球手型，垫球技术按连贯动作的顺序为"一插、二夹、三抬臂"（图 3-6-13）。

练习要求：完成夹臂动作要自然，并配合有提肩、含胸、压腕及挺肘动作，有目的地垫出。

图 3-6-13 排球双手垫球

## 三、其他类型职业训练原则及建议

现阶段健康问题受到越来越多的关注，因此，适当的体适能锻炼是很有必要的，下面就来了解体适能训练遵循的原则。遵循以下体适能训练原则，有助于身体素质的提高，缓解各种压力，便于在工作生活中保持良好的状态，健康快乐地成长。

### （一）全面性原则

保持运动练习的全面性原则是指体育锻炼必须追求身心全面和谐发展，使身体形态、机能、身体素质及心理素质等方面得到全面协调的发展。中职阶段针对学生所学专业不宜进行专门性运动项目的专业训练，否则对身体均衡性发展的影响将是不可估量的。最佳的运动方式是全面而又有趣味性的体适能训练课程，运用多种练习内容、方法和手段，使身体的各个部位、器官、系统功能，各项身体素质、运动能力以及心理素质等方面都得到锻炼，也使身体各系统、组织、器官和谐发展，达到身体相对的完善和完美。

### （二）合理负荷原则

锻炼必须遵循人体自然发展、机体适应的基本规律，从不同的主客观实际出发，合理安排运动负荷，在渐进的基础上提高锻炼水平。运动负荷的大小因人、因时而异。即便是同一个人，在不同的机能状态、不同的时间，人体对负荷的承受能力也不尽相同。

在适宜的体能训练中，对某一负荷刺激基本适应后，适量增大运动负荷使之超过原有的负荷，才能继续获得理想的运动效果。

在超负荷的体能训练中，在身体和生理所能承受的范围内，肌肉活动量越大，消耗过程越剧烈，超量恢复过程就越明显，身体机体各器官得到良好改善也越明显，体质增强也越显著。

### （三）针对性原则

这一阶段要根据身体素质个体差异及各自的特点，合理选择练习内容、手段和方法，科学安排运动负荷，做到区别对待，量身定制，才能获得理想效果。中职阶断在体适能训练过程中，应注意年龄、性别、体质、健康状况等特征，合理选择与安排练习的内容、方法、手段，按个体差异的实际情况安排运动负荷，使生理负荷达到适应的范围，保证训练的安全性和有效性。

### （四）坚持不懈原则

加强体适能锻炼对身体各机体给予刺激，每次刺激都产生一定的锻炼效果。这样的日积月累，连续不断地练习积累；体质才会不断增强，动作技能形成的条件反射也会不断得到强化。因此，体育锻炼贵在坚持，运动锻炼不会在短时间内取得较好效果，必须做到坚持不懈。

建议：在进行体适能训练的同时，还要养成良好的睡眠习惯，保证充足的体力；学会自我减压、自我心理调整；参加郊游或拓展活动，缓解工作压力，保持平和的心态；科学饮食，保证机体健康和平稳。

### （五）可逆性原则

通过运动，各器官系统功能以及运动能力所获得的提高与增强会因锻炼的中断而下降。生物学"用进废退"的原理与条件反射规律是可逆性原则的生物学基础。研究证明，对肌肉进行10周力量训练，力量会明显增强，但若此时中断训练，那么30周后，所获得的力量增长则会完全消退。

## 四、案例借鉴

### 案例1

工科类职业学校男生偏多，从事的职业也都是相对比较繁重的工作。电工、空调制冷维修与维护、电焊工、汽车驾驶员、吊车司机、挖掘机司机、城市轨道交通等，都是在一定空间内，身体要在站、坐、仰、卧、俯等姿势中变化，并保持注意力高度集中。力量素质和柔韧素质对掌握体育技能至关重要，没有力量和柔韧性不可能顺利准确地完成运动项目所要求的动作。训练时要注意循序渐进、强度适中、动静结合、整体训练等几个方面。所以对这些专业，制定了以柔韧和专注力练习的周训练计划。同学们可以借鉴和参考练习。

适合职业：电工、空调制冷维修与维护、电焊工等。

练习重点：柔韧性、专注度，力量和心肺功能（表3-6-1）。

## 第六节 其他类型职业体适能

表 3-6-1

| 周循环 | 练习内容及次数 | 练习强度 | 练习时间 /min |
|---|---|---|---|
| 周一 | 1. 手指柔韧性练习 30 s×3<br>2. 手腕柔韧性练习 30 s×3<br>3. 俯卧撑 15 个 ×3 组<br>4. 走跑交替定时跑 | 小<br>小<br>中<br>大 | 5<br>5<br>5<br>15 |
| 周二 | 1. 靠墙静立屈蹲 40～60 s×3<br>2. 20 m 折返跑 60 s×3<br>3. 屈臂平板支撑 40～60 s3 组<br>4. 专注度手接球练习 5 组 | 小<br>中<br>中<br>小 | 5<br>10<br>8<br>8 |
| 周三 | 调整休息,间歇恢复 | — | — |
| 周四 | 1. 直臂平板支撑 40～60 s×3<br>2. 双杠臂屈伸 6～8 个 ×3<br>3. 10 min 定时跑 1 组<br>4. 放松柔韧性拉伸练习 | 中<br>中<br>大<br>小 | 10<br>8<br>10<br>8 |
| 周五 | 1. 上下肢柔韧性拉伸练习<br>2. 仰卧起坐 30 个 ×3 组<br>3. 放松慢跑 10 min<br>4. 上下肢柔韧性拉伸练习 | 小<br>中<br>中<br>小 | 10<br>10<br>10<br>10 |

### 案例 2

职业：汽车驾驶员、吊车司机、挖掘机司机、城市轨道交通等。

练习重点：注意力和分散力，上下肢及腰腹核心力量（表 3-6-2）。

表 3-6-2

| 周循环 | 练习内容及次数 | 练习强度 | 练习时间 /min |
|---|---|---|---|
| 周一 | 1. 排球双手垫球 30～40 次<br>2. 排球二人间传垫 30～40 次<br>3. 仰卧举腿静立 10 s×5<br>4. 放松大步弹性跑 1 000 m | 小<br>小<br>中<br>大 | 8<br>10<br>5<br>8 |
| 周二 | 1. 篮球手指拨球 3 组<br>2. 手指俯卧撑 10 个 ×3 组<br>3. 30 m 折返跑 5 组<br>4. 上下肢肌肉拉伸练习 | 小<br>中<br>大<br>小 | 5<br>8<br>10<br>8 |
| 周三 | 调整休息,间歇恢复 | — | — |
| 周四 | 1. 直臂平板支撑 60 s×2<br>2. 连续换腿跳台阶 2 min×3 组<br>3. 跪坐压脚面 5 次<br>4. 垫上肌肉拉伸放松练习 | 中<br>大<br>小<br>小 | 5<br>10<br>5<br>8 |
| 周五 | 1. 闭目旋转直线走 3 组<br>2. 快速半蹲起 30 次 ×3<br>3. 垫上仰卧举腿 15 次 ×3<br>4. 原地挺身跳 15 次 ×3<br>5. 放松慢跑 500 m | 小<br>大<br>中<br>中<br>中 | 5<br>6<br>6<br>6<br>5 |

169

## 参考文献

[1] 崔东霞．核心力量体能训练法［M］．化学工业出版社，2013．
[2] 李铂、李帅星．使用体能训练方法［M］．化学工业出版社，2015年．
[3] 王丙振．田径运动体能训练［M］．化学工业出版社，2016年．
[4] 杨士勇．体能训练［M］．人民体育出版社，2012年．
[5] 安德利亚斯．科赛尔盖哈德．海克尔．玩的艺术．德国中小学体育课练习及游戏［M］．北京体育大学出版社，1998年．
[6] 李明强中外体育游戏精粹人民体育出版社［M］．1998年．
[7] 韩国太．篮球教学训练游戏［M］．北京：人民体育出版社．2006．10．
[8] 王梅．科学运动 健康减肥［M］．北京：人民体育出版社，2017：86-98．
[9] 国家体育总局体育科学研究所．运动健身监控网络平台的开发与应用研究报告［R］．北京：人民体育出版社，2016．
[10] 国际篮球联合会．《篮球规则》中国篮球协会审定［M］．北京体育大学出版社，2018．
[11] 美国运动医学会．ACSM运动测试与运动处方指南（第九版）［M］．北京体育大学出版社，2015．
[12] 全国体育院校教材委员会．运动解剖学［M］．人民体育出版社，2000．
[13] 张时元．新课标下职业高中实施体育教学的思考［J］．当代体育科技，2013（34）．
[14] 刘明辉．高中体育教学探析［J］．才智，2011（29）．
[15] 于中意．谈高中体育选项教学的实践与探索［J］．运动，2011（13）．
[16] 王保成．学校体育教学内容的层次与选择［J］．首都体育学院学报，2004（03）．
[17] 陈树红．现代警察体能训练的全方位探讨［M］．吉林大学出版社，2013.01．
[18] 李文博．关于公安民警培训中体能训练问题的思考［J］．科教导刊，2017.08.072．